中公新書 2135

植木雅俊著

仏教、本当の教え

インド、中国、日本の理解と誤解

中央公論新社刊

はしがき

学生時代に物理学を学びながら、『般若経《はんにゃきょう》』『維摩経《ゆいまきょう》』『法華経《ほけきょう》』などの大乗仏典や、東京大学名誉教授の中村元《なかむらはじめ》先生が訳された原始仏典を読み、仏教に関心を深めるようになった。いつしか重心が仏教学に移り、独学で勉強し始めた。会う友人ごとに「物理学が何で仏教学なんだ」と尋ねられた。筆者は、何度も答えるのが面倒くさくなって、ある日、「僕にとってのブッリのブッは、物ではなくて仏と書くんだ」と答えた。「おー、なるほど」と感心されて、それ以上、質問の矢が飛んでこなくなった。これは、便利だと、以後はその答え方で通している。

少年時代から「北枕《きたまくら》」の迷信に抵抗していて、社会人になってインドに行き、インド人が皆、北枕で寝ていることを知って、文化的誤解について考えるようになった。それは、仏教学を学生時代から学んできて、独学の限界を痛感しているころでもあった。日本語で書かれたものと、漢訳の仏典だけでは、どうしても納得できないところがある。サンスクリットの原典から見直さなければ、疑問が晴れない。

そんな思いを抱いている時に、中村元先生との出会いがあった。そして、東方学院で中村先生の講義と、サンスクリットの講義を受講することになった。

その後、中村先生の指示で博士号を取得することに挑戦した。お茶の水女子大学に提出した学位論文のテーマは、仏教の女性観、ジェンダー平等といったことで、わが国で一九九〇年代になって出てきた「仏教は女性差別の宗教だ」という主張に対する反論であった。漢訳されたものと、日本語で書かれたものを資料として論じられたそれらの批判を見て、果たしてインドではどうなのだろうか、歴史的人物としての釈尊《しゃくそん》は女性を差別していたのだろうか——ということから、筆者はサンスクリット語とパーリ語の原典に遡《さかのぼ》って検討し直した。その結果、歴史上の人物としての釈尊は全く女性を差別していなかったし、釈尊在世のころの原始(初期)仏教の段階では女性出家者たちが男性と対等に溌剌《はつらつ》とした姿で修行に励んでいたことが分かった。ところが、男尊女卑の儒教倫理を重んずる中国では女性を平等に見ることに抵抗があったのか、女性を重視することが説かれた箇所は翻訳改変されたりしていた。このように、同じ仏教でも受け容れる態度に大きな違いが見られた。

さらに、筆者は『法華経』をサンスクリット原典から現代語訳した『梵漢《ぼんかん》和《わ》対照・現代語訳　法華経』上・下巻(岩波書店、毎日出版文化賞受賞)を二〇〇八年に出版し、それに続いて、一九九九年に発見された『維摩経』のサンスクリット原典に基づいて、同じ出版社から『梵漢和対照・現代語訳　維摩経』も本年八月に上梓《じょうし》することができた。それらの翻訳作業を通して、インドの原典が中国でどのように漢訳され、日本でどのように解釈されてきたのか、その一端を通覧することができた。インドのサンスクリット原典から読み直してみると、インド、中国、日本の間で、同じ仏教とはいえ、その受け容れ方に微妙な違いがあった。

仏教は、インドで生まれた。そのインドで生まれた仏教が、中国で漢訳されて、その漢訳されたものが日本に伝わった。そういう意味では同じ仏教が中国でどういうふうに漢訳され、どのように受け容れられたのか、また日本でそれがどのように受け容れられたのかということを比較すると、これは面白い比較文化論ではないかと膝をたたいて喜んだ。

これまで、比較文化論という学問では、極端に言えば、「ゲーテと松尾《まつお》芭蕉《ばしょう》」といったように、両者に何の接点もないように思えるものの、その類似点や、相違点を通して、それぞれの特質を明らかにするという方法を取る。同じ仏教が、インドと、中国、日本でどのように受け容れられたのかというテーマは、比較文化論としては最も理想的な教材ではないかなと考えた。そう考えると、中村先生から東方学院の講義でうかがった話がいろいろと思い出され、それがヒントとなって考えが広がっていった。

二〇一一年八月一一日　還暦を迎えて

植木雅俊

目次

九州大学創立百周年を祝して

序章　日本における文化的誤解

本朝・震旦・天竺の三国

日本、中国、インドのことを指して、昔は「三国」という表現がなされた。「三国一の花嫁」という褒《ほ》め言葉があるが、これは世界一の花嫁ということである。当時、この三国というのは本朝《ほんちょう》・震旦《しんたん》・天竺《てんじく》と言われていた。本朝は「わが国の朝廷」という意味だが、転じて「わが国」、すなわち日本のことである。

震旦というのは、サンスクリット語のチーナ・スターナ（cīna-sthāna）を音写したものである。その「チーナ」（cīna）というのは、実は中国語の「秦《しん》」、あるいは「支那《しな》」を音写したものであり、英語のチャイナ（China）のことである。スターナ（sthāna）というのは、「立つ」「位置する」「住する」といった意味の動詞スター（√sthā〔√は動詞の語根を意味する〕）に、中性の名詞を作る接尾辞 -ana を付けたもので、「立つこと」「滞在」「地位」「住所」「領域」などの意味を持っている。例えばアフガニスタン（アフガン人の土地）の「イスタン」も、カザフスタン（カザフ人の土地）の「スタン」も、スターナと同じ語源である。

チーナ・スターナというのは、「チーナ（支那）という領域」の意味である。

サンスクリット語やパーリ語は中央アジアを通ってくるとき、単語の最後の「a」の音が落ちる。例えばパーリ語のニッバーナ（nibbāna）がニッバーン（nibbān）となり、それが中国で涅槃《ねはん》と音写された。同じ伝で、チーナ・スターナはチーン・スターンになり、それが音写されて震旦となったわけである。こうした変化は頻繁に起こったようで、牛が軛《くびき》を着けて荷物を運び、次に休憩するまでに進む距離（十数キロメートル）だとされるヨージャナ（yojana）が、ヨージャン（yojan）となって由旬《ゆじゅん》と音写された。「修行者の集い」を意味するサンガ（saṃgha）という語もサング（saṃgh）となり、それが「僧」と音写された。

次の天竺というのはインドのことである。インドでは、自分たちの国土をインドとは言わなかった。インドの国土を示す語に閻浮提《えんぶだい》があるが、それは、ジャンブー・ドゥヴィーパを音写したもので、「ジャンブーという植物が生い茂っている大陸（ドゥヴィーパ）」という意味である。「国家の国土」という意識は、ここには見られない。インドという言い方は、ギリシア人の発音に起源を持つ。

アレクサンドロス大王（紀元前三五六～前三二三）が、インドまで遠征した。紀元前三二七年にインダス河の流域までやってきたが、七年にわたる遠征でみんなが疲れたというので、そこから引き返した。だからインド亜大陸の内部までは来ていない。アレクサンドロスの軍勢が引き返した後も、インダス河の流域に残った人たちがいた。その後、それより南に行った人もいる。彼らの中には仏教に帰依《きえ》して出家した人もあったが、民族宗教であるヒンドゥー教（インド教の意味）への改宗はなかった。そのインダス河流域はシンドゥ（sindhu）と呼ばれており、「信度」と音写されている。このシンドゥをギリシア人がインドス（Indos）と発音し、それが、河の向こうに広がるインド亜大陸を意味する言葉として用いられ、漢字で

「印度」と書いた。それが河の名前としてインダス（Indus）となった。あるいは漢訳仏典ではシンドゥというのをそのまま「信度」や、「身毒」と音写している。ヒンドゥ（hindu）というのは、現代のヒンディー語の言い方である。そのシンドゥが、ミャンマーなどの東南アジアの人たちの発音ではティンドゥ（tindhu）になり、これが「天竺」になった。「印度」と「天竺」ではぜんぜん別のもののように見えるが、もともとのルーツは同じシンドゥであったのだ。

かつてのわが国では、本朝・震旦・天竺の「三国」をもって全世界を意味していた。

「中国」と呼ばれたインド

それでは、中国の人はインドのことをどう呼んでいたのであろうか。五世紀にインドを訪れた法顕《ほっけん》（三三七〜四二二）という人がいた。この人は六二歳のころ、中国を出発して、ゴビ砂漠、タクラマカン砂漠を越え、パミール高原を越えてインドへ行った。帰りは海路であったが、途中で嵐に遭い難破して島に漂着し、船を建て直して中国に帰ってきた。そのとき八〇歳近くになっていた。インドから持ち帰った『涅槃経』などの経典を翻訳し、さらには通算一五年にわたるインドの旅で見聞したことを細かく記録した。それが『法顕伝』（五世紀初め）、あるいは『仏国記《ぶっこくき》』と呼ばれる旅行記である。

その中で、インドのことを「中天竺、いわゆる中国」と呼んでいる。「中国」は、マディヤ・デーシャ（madhya-deśa）を漢訳したものである。マディヤというのは真ん中、デーシャが地域ということだから、「真ん中にある国」――これは中華思想である。中華思想は、チャイナ独自のものかと思っていたら、インドもそうだったのである。現代の「中国」と呼ばれる所に住んでいた人が、インドのことを「中国」と呼んでいたという面白い現象があった。では、その法顕という人は自分の国を何と呼んでいたかというと、「秦土辺地《しんどへんち》」と言っていた。「秦」は、先ほどのチーナ（支那、チャイナ）のことで、「辺地」というのは辺鄙《へんぴ》な所という意味である。唐の時代には、自国を「漢土辺域」と呼んでいた。仏教の中心地であるインドに対して敬意を払って、自らの所をへりくだって呼んでいたわけである。

　では、日本人は日本のことを何と言っていたかというと、『太平記《たいへいき》』（一四世紀末）に「況《いわん》やわが国は粟散辺地《ぞくさんへんち》の境《さかい》なり」とあるように、「粟散辺地」あるいは「粟散辺土」と呼んでいた。粟《あわ》をまき散らしたようなちっぽけな国という意味である。インドに対して憧れを持ってそういうふうに言っていた。

　インドの首都ニューデリーから東京まで直線距離にしても五〇〇〇キロメートル以上離れている。その間には、東シナ海が陸を隔て、果てしない砂漠が広がり、インドを訪れた中国の法顕をして、次のように言わしめたほどである。

　沙河《しゃが》（筆者注＝ゴビ砂漠西端とタクラマカン砂漠の東端）中はしばしば悪鬼、熱風が現われ、これに遇《あ》えばみな死んで、一人も無事な者はない。空には飛ぶ鳥もなく、地には走る獣もいない。見渡すかぎり〔の広大な砂漠で〕行路を求めようとしても拠り所がなく、ただ死人の枯骨《ここつ》を標識とするだけである。(長沢和俊訳注『法顕伝・宋雲行紀《そううんこうき》』九頁)

その険難を超えても、さらに「世界の屋根」と言われるパミール高原などが立ちはだかっていて、空間的な隔たりをさらに際立たせ、インドと中国、ましてや日本との自然・風土・生活習慣や、風俗・文化の違いは無視できないほど大きい。そこにおいて、三国のそれぞれの間に文化的な誤解が生じないのは無理な話であろう。

北枕の文化的誤解

筆者が、サンスクリット語を勉強しなければならないと思ったきっかけの一つは、子どものころから抱いていた疑問に関係している。筆者は、小さいころから、あえて北枕《きたまくら》で寝ていた。北枕で寝ていると、祖母が跳んできて、布団の向きをパッと南向きに変え、「縁起でもない」と叱《しか》った。筆者は、祖母がいなくなると、また北向きに戻すというふうに抵抗していた。「人が寝る時、頭を北に向けることぐらいで、とやかく言うような、その程度のものが仏教であるのならば、僕は仏教なんか信じない」というのが筆者の考えだった。

三〇代後半になってインドへ行く機会があった。インドの知識人の家とか、学者の先生方の家を訪ねたとき、寝室に通されるとみんなベッドの頭が北向きになっていた。筆者が宿泊した五つ星のホテルのベッドもそうだった。インド人はみんな北枕で寝ていたのだ。「これは縁起が悪い寝方ではないですか」と尋ねると、インドの人たちから「何を言うのだ。これが、一番いい寝方なのだ」と言われてしまった。

インドで最もいい寝方が、日本では縁起の悪い寝方にされてしまった。『涅槃経』という経典に釈尊が亡くなられるシーンが描かれていて、「そのとき、仏陀《ぶつだ》は頭を北に向けて、顔を西に向け、右のわき腹を下に向けて休まれていた」といった文章が出てくる。それを読んだ日本の仏教者が、頭を北に向けて寝るのは、人が亡くなるときの寝方だと勘違いして、それを「北枕」と呼んだ。ところが、インドでは北に理想の国が、南に死に関する国があると考えられていて、インド人にとって頭を北の方角に向けて寝る北枕は生活習慣だったのだ。釈尊も、生活習慣として日ごろから北枕で寝ておられたのであろう。亡くなるときもそうだった。それなのに、日本人は釈尊の入滅シーンの描写を見ただけで、北枕は人が死ぬときの寝方だと勘違いした。明治大学教授の張競《ちようきよう》先生に確認したら、中国には北枕という言葉自体が存在しないということである。

あるいは、日本で結婚式に蓮《はす》の花を持参したらどうだろうか。「縁起でもない」と怒られるに違いない。しかし、インドでは多くの人が蓮の花を持参する。最もめでたい花だからだ。これも、著しい文化的誤解である。

具象的な生活習慣ですら、このようなものすごい誤解が生じている。ひょっとしたら、精神面を論じて抽象度の高い仏教思想の根幹部分には、さらに誤解が生じているのではないかということが、筆者の根強い疑問となっていた。

釈尊の時代と現代とは、約二五〇〇年隔たっている。インドと日本は、時間的にも、空間的にも大きく隔たっていることから、文化的な誤解が生じることは、不可避であろう。仏教思想そのものにも誤解が生じているのではないかという思いから、サンスクリット語の原典に遡って調べ直さなければいけないと痛感した。

本書の狙いは、サンスクリット語（あるいはパーリ語）で書かれたインドの仏典に遡って、もう一度、漢訳と日本語で語られた仏教というものを見直したらどうなるのかというものである。

第一章　インド仏教の基本思想

最初に、インド仏教の原型である原始仏教の基本思想について見ておこう。それを見ると、われわれが日本において日ごろ身の回りで目にする仏教とは、ちょっと違うという印象を持たれる方が多いのではないかと思う。それは、すでに釈尊滅後のインドにおいて、原始仏教から小乗仏教、大乗仏教、密教という変遷を経ていること、さらには中国、日本での受容の段階において変遷を経ているからである。

インド仏教の歴史は、次のように要約できる。

①釈尊在世（前四六三〜前三八三）のころ、および直弟子たちによる原始仏教（初期仏教）の時代。
②前三世紀、アショーカ王の命でセイロン（現、スリランカ）に仏教が伝えられる（後のパーリ聖典の原型）。
③前三世紀末ごろに部派仏教（後に小乗仏教と貶称《へんしょう》される）の時代に入る。
④小乗仏教に対して、紀元前後ごろに大乗仏教が興り、大小併存の時代が続く。
⑤七世紀以降、呪術《じゅじゅつ》的世界観やヒンドゥー教と融合して密教が興る。

タゴールの仏教評価

インドのカルカッタ（現、コルカタ）に、ラビンドラナート・タゴール（一八六一〜一九四二）という人がいた。一九一三年にアジアで初めてノーベル文学賞を受賞した人である。詩人、作家、哲学者、音楽家、舞踏家――これだけ並べただけでも、いかに多才な人であったか分かるであろう。その人がカルカッタ郊外の「平和の郷《さと》」を意味するシャーンティ・ニケータンという地にタゴール大学（正式名称はヴィシュヴァ・バーラティ国立大学）を創った。ヴィシュヴァ・バーラティとは「人類のための学問の府」を意味している。そのタゴール大学のバッタチャリヤ博士という学長が、東京の東方学院に中村元先生を訪ねて来られたことがあった。そして、東方学院での中村先生の講義の時間が、バッタチャリヤ博士の講演に急《きゅう》遽《きょ》変更されて、タゴールの思想についての話をうかがったのである。

タゴールは、「アジアは一つでなければならない。それも政治的な意味や、あるいは武力によって一つであるのではなくて、文化によって一つでなければならない」と考えていたという話をされた。そして、「文化によってアジアが一つであった時代がかつてあった。それは、仏教によって実現されていた」とも付け加えられた。タゴールは仏教を非常に重視していたという話をされたわけである。

ところが現在のインドは、二〇〇一年の国勢調査によっても全人口（一〇億余）の八〇・五％がヒンドゥー教徒、一三・四％がイスラム教徒、二・三％がキリスト教徒、一・九％がシク教徒、〇・四％がジャイナ教徒で、仏教徒は〇・八％でしかない。仏教は、一三世紀初めにイスラム教徒の侵略で滅ぼされてしまったのだ。

筆者は、かつてインドを訪れたとき、書店に行ってみた。色鮮やかな表紙にカラフルな神々の描かれたヒンドゥー教などの本は、山積みされているが、仏教書は見当たらない。店員に「仏教書はないのか？」と尋ねると、変な顔をされた。仏教発祥の地でありながら、現在のインドには、ほとんど仏教徒はいないのだ。

タゴールが亡くなった一九四一年の国勢調査では、総人口三億八九〇〇万のうち仏教徒は二三万余で、〇・〇六％でしかなかった。それが、〇・八％にまで増加したのは、不可触民出身でカースト制度の廃止を訴えたアンベードカル博士の仏教改宗運動の結果である。博士は、一九五六年に絶対的な平等を説く仏教を高く評価し、自ら仏教に改宗した。それに呼応して多くの不可触民とされる数百万の人たちが仏教徒となった。それでも、全人口の一％にも満たないのである。それなのに、タゴールは仏教を重視していたというのだ。

そこで筆者は、バッタチャリヤ博士に「タゴールは、仏教のどういうところに現代的な意義を見出していたのか」という質問をした。

すると、博士は次の三つの特徴を挙げられた。

第一に、仏教は徹底して平等を説いた。

第二に、仏教は迷信やドグマや占いなどを徹底して排除した。

第三に、仏教は西洋的な倫理観を説かなかった。

博士は、時間がなくて、この三つの項目を挙げられただけであったが、筆者はその後、具体的にそれぞれの内容を自分で調べてみて、なるほどそうだと納得した。以下、筆者の納得したことについて述べてみよう。

徹底した平等――生まれによる差別の否定

一番目の「仏教は徹底して平等を説いた」ということは、「生まれ」(jāti)や、「皮膚の色」(varṇa)などによって人は差別されるべきではないと一貫して主張したということである。それは、男女の平等ということも含んでいるのはもちろんのことで、「生まれによって人の貴賤《きせん》が決まる」という迷信を否定したという意味では、基本思想として仏教の目指したことの二番目とも関連している。仏教は、むしろ、行為(karman、「業《ごう》」と漢訳)によって人の貴さが決まると説いた。

インドの階層秩序は、皮膚の色によって、大きくバラモン(司祭者)、クシャトリヤ(王侯・武士)、ヴァイシャ(庶民)、シュードラ(隷民)という四つに分けられた。『リグ・ヴェーダ』(*Ṛg-veda*)の中の、巨大な原人《げんにん》から宇宙が展開した経路を説明する「プルシャ(原人)の歌」(X-90)に、これらの四つのカーストの名前が初めて列挙されている。

〔神々が、原人(puruṣa)を切り刻んだときに、〕彼の口はバラモン(brāhmaṇa)であった。〔彼の〕両腕は王族(rājanya)となされた。彼の太腿《ふともも》は庶民(vaiśya)となされた。彼の両足からは隷民(śūdra)が生みだされた。

この四つの階層秩序を基にして、地域ごとに分業体制が進んで、職業が世襲化されるようになった。同業者同士が「生まれ」を同じくする集団として結束するようになって、カーストという社会集団が成立していった。インドの身分制度には、「皮膚の色」(ヴァルナ)と、「生まれ」(ジャーティ)の二つの要素が複雑に絡んでいる。だから、外国人による「カースト制度」という言い方よりも、「ヴァルナ・ジャーティ制度」と言ったほうが正確である。

釈尊は、バラモン教(ヒンドゥー教)的人間観の社会にあって、こうした「皮膚の色」や、「生まれ」によって身分を分かつ制度を批判した。

最古の経典とされる『スッタニパータ』(短い経の集成)には、「生まれによって賤《いや》しくなるのではなく、生まれによってバラモンとなるのではない。行ないによって賤しくなるのであり、行ないによってバラモンとなるのである」(一三六頁)とある。

バラモン教の社会にあって、バラモンは尊敬されるべき人と言われていた。理由は、バラモンの家系の生まれであるという一点にあった。このように、生まれが何であるかということによって、人の貴賤が分類されていたわけである。

そういう思想状況にあって釈尊は、「バラモンだから尊敬されるべき人である」という迷信的通念、あるいは権威主義的発想を否定した。そして、「尊敬されるべき人」をもしも「バラモン」という名で呼ぶとしたら、それは生まれのいかんによるのではなく、その人の振る舞い、行為、生き方のいかんによってバラモンとなるのであると主張したわけである。

発想を逆転させてしまったのだ。

これはなにも、バラモン教の言うバラモンという存在を肯定したものではない。「バラモン」という既成の言葉だけ借りて、その意味・内容を塗り替え、それによって実質を伴わせようとしたと言えよう。

人の貴賤は行ないで決まる

また、『サンユッタ・ニカーヤ』（内容別に分類された教えの集成）でも、次のように述べている。
多くの呪文《じゅもん》をつぶやいても、生まれによってバラモンとなるのではない。〔バラモンといわれる人であっても、心の〕中は、汚物で汚染され欺瞞《ぎまん》にとらわれている。クシャトリヤ（王侯・武士）であれ、バラモンであれ、ヴァイシャ（庶民）であれ、シュードラ（隷民）であれ、チャンダーラ（旃陀羅《せんだら》）や汚物処理人であれ、精進《しょうじん》に励み、自ら努力し、常に確固として行動する人は、最高の清らかさを得る。このような人たちがバラモンであると知りなさい。（第一巻、一六六頁）
呪文を唱えるなどの宗教的祭儀を司《つかさど》っていたバラモン階級について、その生まれだけで清らかだとは言えない、その内心は、汚物で汚れているとまで言い切っている。
その一方で、不可触民とされたチャンダーラも、その行ないによって「最高の清らかさ」

(paramaṃ suddhiṃ) を得ることができると断言している。

釈尊は、出家して袈裟《けさ》を着ていたが、その袈裟はチャンダーラたちが身に着けていたものである。袈裟は、「薄汚れた色」、あるいは「黄赤色」を意味するサンスクリット語のカシャーヤ (kaṣāya) を音写したものである。その衣は、墓地に捨てられた死体をくるんでいたものである。死体が猛獣に食べられた後、布の破片が散らばっているのを拾い集め、洗ってつなぎ合わせて衣にしていたのだ。死体の体液の染《し》みで汚れ、黄赤色になっていることから、その衣はカシャーヤと呼ばれていた。あるいは、パーンスクーラ (pāṃsu-kūla、拾い集めたぼろ布で作った衣) と言われることもあり、それは「糞掃衣《ふんぞうえ》」と音写された。

中村先生は、「仏教では意識的に最下の階級であるチャンダーラと同じ境地に身を置いたらしい。仏教の修行僧は袈裟をまとっていたが、袈裟をまとうことは、古代インドではチャンダーラの習俗であったからである」(『原始仏教の社会思想』七七頁) と言っておられる。

出家することは、本来、世俗の名誉、名声、利得など一切をかなぐり捨てて、社会の最底辺に置かれた人たちと同じ立場に立つことであった。外見や生まれによってではなく、行ないによって、最高の清らかさを得る在り方を求めたのである。

このように、釈尊は人を賤しくするのも、貴くするのも、その人の行為いかんによるとして、「生まれ」による差別を否定したのであった。

さらに『サンユッタ・ニカーヤ』には、次のような言葉も見られる。スンダリカ・バーラドヴァージャというバラモンが、釈尊のカーストを尋ねたことがあった。

「あなたの生まれは何ですか？」

それに対して釈尊は、次のように答えている。

生まれを尋ねてはいけない。行ないを尋ねよ。火は実に木片から生じる。卑しい家柄〔の出〕であっても、堅固《けんご》で、慚愧《ざんき》の念で自らを戒めている賢者は、よき生まれの〔すなわち高貴の〕人となるのである。（第一巻、一六八頁）

「慚愧の念」、すなわち自らを慚《は》じいる反省の心をもって自らを戒める。それによって高貴の人となるというのである。釈尊は、機会あるごとに仏教外の人々にも、カースト制度の矛盾を示し、人は皆平等であると、対話を通して訴えかけていたのである。

また、南インドのバラモンの家に生まれ、釈尊の十大弟子の一人で、論議第一と言われたカーティヤーヤナ（迦旃延《かせんねん》）も、マドゥラ国の王たちに対して、バラモン、クシャトリヤ、ヴァイシャ、シュードラの四姓《しせい》が平等であるべきことを説いて回ったと言われる。

仏教とほぼ同時期に興起したジャイナ教も初めは仏教と同じ立場を取っていたが、後世になってカースト制度を承認し、妥協してしまっている。それに対して、仏教徒は最後までカースト制度を承認することはなかった。中村先生は、カースト制度の支配的なインド社会において、仏教が永続的に根を下ろすことができなかった理由の一つとしてこの点を挙げておられる（『大乗仏教の思想』五四六頁）。

人に差別があるかのように世間で言われているのは、人間が勝手に言葉で規定しただけであると、釈尊は『スッタニパータ』で次のように言っている。

> 身体を有する〔異なる生き〕ものの間ではそれぞれ区別があるが、人間〔同士〕の間ではこれ（区別）は存在しない。名称（言葉）によって、人間の間で差別が〔存在すると〕説かれるのみである。（一一八頁）

私たちは、言葉によって逆規定されて、存在しないものも存在するかのように思い込みがちであるが、釈尊は人間における差別が言葉による逆規定によるものであって、人間には本来、差別はないと断言している。

仏教では、「有《う》」（bhāva、存在）を種々に分析しているが、その中に「名有《みょうう》」というものがある。「名有」とは、「兎の角」を意味するシャシャ・ヴィシャーナ（śaśa-viṣāṇa）や、「亀の毛」を意味するクールマ・ローマ（kūrma-roma）のように言葉（名）のみが存在していて、現実には存在しないもののことである。ところが、われわれは言葉によって、いかにもそれが存在するかのように錯覚してしまう。それを身近な例で教えたのが「兎《と》角亀《かくき》毛《もう》」であった。

ここで言う、「人間の間の差別」というものも、「兎角亀毛」と同様、言葉によって存在するかのように思い込まされているのであり、そんなものは本来、存在しないのであると述べている。ここの人間（パーリ語 manussa）を、デンマークのパーリ語学者V・ファウスベルは men と英訳しているが、それでは女性（women）が排除されているかのごとき誤解を与えかねないので、human beings（人間）と訳したほうが無難であろう。manussa は、itthi（婦人）、あるいは purisa（男）という語と複合語を作り、それぞれ「女の人」(manussa-itthi)、「男の人」(manussa-purisa) という意味になる。従って、manussa だけでは、男女を区別しない「人間」を意味しているのである。

法の下の平等

これまで見てきたように、釈尊は「生まれ」による差別をきっぱりと否定していた。このような人間観は、単なる言葉にとどまるものではなく、釈尊の次のような振る舞い、行ないとして具体化されていた。

それは、釈尊が生まれ故郷に帰ったときのことだ。クシャトリヤに属する釈迦《しゃか》一族の者たちをはじめ、故郷の各階層の人々が出家を申し出た。そのとき、釈尊はあえてカースト制度では最も身分が低いほうに位置づけられていた理髪師のウパーリ（優波離）を最初に出家させた。ウパーリを先に出家させることによって、ウパーリが先輩として教団における優位な立場を得られるように配慮したわけである。ここにも身分差別を否定する思想が読み取れよう。ウパーリは、戒律を厳守することに最も勝《すぐ》れた持律《じりつ》第一として十大弟子の一人に数えられている。彼の意見によって新たに設けられた規律も多い。釈尊の滅後、釈尊の説法や戒律を集大成する第一回仏典結集《けつじゅう》（編纂《へんさん》会議）の際には、多聞《たもん》第一のアーナンダ（阿難〔阿難陀〕）

が釈尊の教えを編纂する中心人物であったのに対して、ウパーリは持律第一とされ戒律を集大成する中心人物として重要な役割を果たした。
覚《さと》りの達成（成道《じょうどう》）後の最初の説法（初転法輪《しょてんぽうりん》）のときの釈尊と、五人の比丘《びく》たちとの生活からも平等思想が読み取れる。釈尊も含めた計六人が二組に分かれ、三人ずつが交代で托《たく》鉢《はっ》して回り、それで得た食べ物で生活していたが、釈尊自身も、交代で托鉢の当番を受けもっていた（『ヴィナヤ』第一巻、一三頁）。この点においても、釈尊と五比丘との間には何らの区別も差別もなかったということができる。それは、釈尊自身が他の修行僧と同じ資格における修行僧の一人であろうとしたことを示すものである。

ブッダの別称である阿羅漢《あらかん》（arhat、尊敬されるべき人）も、釈尊一人に限られるものではなかった。大衆部《だいしゅぶ》系（宇井《うい》伯寿《はくじゅ》説）とも迦葉惟部《かしょういぶ》系（友松圓諦《ともまつえんたい》説）とも言われる『増壹阿含《ぞういつあごん》経《きょう》』巻一四には、五人の比丘たちが釈尊の初転法輪によって覚りを得たときのこととして、「この時、三千大千刹土《だいせんせつど》に五の阿羅漢あり。仏を第六と為《な》す」（『大正新脩大蔵経《だいぞうきょう》』巻二、六一九頁中）と、描写されている。釈尊と五人の比丘たちとが、全く平等に阿羅漢と見なされているのである。「刹土」は、「国土」「領土」を意味するサンスクリット語のクシェートラ（kṣetra）を音写した「刹」と、クシェートラを漢訳した「土」とを合わせたものである。その刹土の一〇〇〇個を「小千刹土」、その小千刹土の一〇〇〇個を「中千刹土」、その「中千刹土」の一〇〇〇個を「大千刹土」と言う。「大千刹土」は、一つの刹土の一〇〇〇倍の一

〇〇〇倍の一〇〇〇倍と、「三回にわたって千倍した結果としての大千刹土」という意味で「三千大千刹土」と言うのである。数学的に言えば、一〇〇〇の三乗個、すなわち一〇億個の刹土ということであり、「三千大千世界」とも言う。

以上のような釈尊の言動の根底には、「法」(dharma、真理)の下には釈尊も弟子も平等であるという考えが貫かれている。釈尊は、世界で最初に法を覚った人である。そして、それを他者に説いている。その法は万人に開かれたものであり、その法を覚ればだれでもブッダ(buddha、仏陀)となれる。極端に言えば、釈尊もその法を覚ったからブッダとなれたにすぎない。法の下では釈尊も弟子たちも平等であり、すでに覚った者と、いまだ覚っていない者という違いがあるだけである。現に『スッタニパータ』を見ても、ブッダという言葉は複数形で用いられている。ブッダとは、釈尊を示す固有名詞ではなかったのだ。一般名詞であり、もとはと言えば、「目覚める」という意味の動詞ブッドゥフ(√budh)の過去受動分詞で、「目覚めた(人)」という意味であるにすぎない。「法」に目覚めればだれでもブッダであったのである。

男女の平等

それは何も男性に限ったことではなかった。原始仏教の平等思想において、男女の違いということは何ら問題となることはなかったのである。

釈尊の目指したことを、釈尊の存命中に弟子になった女性たちの詩集『テーリー・ガーター』に描かれた女性たちは、釈尊の教えのままに実践し、自らに具現し、その生き生きとした姿を示している。それは、女性たちが口々に「ブッダの教えをなしとげました」(kataṃ buddhassa sāsanaṃ)と述べている通りである。歴史上の人物としての釈尊は、文字通り「法の下の平等」を説いていたのであり、「女性は汚れたものである」とか、「劣ったものである」とかいうような女性蔑視《べっし》の考えを持っていなかった。

その事実は、また『サンユッタ・ニカーヤ』にも見ることができる。そこに、仏の教えを車(ratha)や乗り物(yāna)に譬《たと》えて説いた箇所がある。その車は、真理という車輪(法輪)をはじめ、慚《は》じること(制御装置)や、念《おも》いを正していること(囲幕《いばく》)などを部品として備えており、法(真理の教え)と、正しく見ること(正見《しょうけん》)をそれぞれ御者と先導者としてニルヴァーナへと向かうものである。

そこでは、「その道は『真っ直ぐ』という名前で、その方角は『恐れがない』という名前で、車は『ガタガタ音を立てない』という名前で、真理の車輪(法輪)を備えている。慚じることは、その車の制御装置であり、念《おも》いを正していることはその囲幕である。私は法(真理の教え)を御者と〔呼び〕、正しく見ること(正見)を先導者と呼ぶ。女性であれ、男性であれ、その人の乗り物がこのようであれば、その人は実にこの乗り物によってまさにニルヴァーナのそばにいる」(第一巻、三三頁)と、法の下での男女を同等に論じている。

制御装置を備え、囲幕に覆われ、御者がしっかりと手綱を引き締めていて、さらに地理に明るい先導者に導かれている車は、コースをはずすことがない。迷走することも、暴走することもないだろうし、車外の熱気や、寒気、埃《ほこり》などが身に及ぶこともないであろう。その車はガタガタと音を立てることも、乗っていて不安感に駆られることもなく、安全に目的地に到達できるであろう。それと同様、自らを慚じいる心を持ち、常に自らの念《おも》いを正しており、法（真理の教え）に基づいて、ものごとを正しく見るように心がけている人は、ニルヴァーナという目的地に無事にたどり着けるということをここでは言っている。そこにおいては、男だとか、女だとかといった生物学的な性差（sex）などは全く問題外なのである。

「泥洹《ないおん》」、あるいは「涅槃《ねはん》」と音写されるニルヴァーナ（nirvāṇa）は、「吹く」、「吹き消す」という意味の動詞ニルヴァー（nir-√vā）の過去受動分詞で、「吹き消された」という意味である。従って、ニルヴァーナは、煩悩《ぼんのう》の炎が吹き消された状態と言える。そして、それは智《ち》慧《え》の完成による「安らかな境地」のことである。智慧の完成において、男女の区別は全く問われることはなかったということが、ここに読み取れるのである。

近年、世界的に「ジェンダー」（gender）という視点から男女の平等ということが真剣に議論されるようになった。ジェンダーという言葉自体は、男性名詞、女性名詞、中性名詞などの「性」を意味する文法用語にすぎなかった。これは、「種類」、「人類」を意味するラテン語の genus に由来するもので、古い歴史を持つ。genus は、またサンスクリット語の janus

とルーツを同じくしている。genus も janus も、「生む」「生じる」という意味の動詞の語根ゲン（√gen）とジャン（√jan）の派生語である。√gen- から派生した語には、genesis（起源、創造）、generate（発生させる）などがある。

特にインド＝ヨーロッパ語族において、名詞は男性（masculine）、女性（feminine）、中性（neuter）のいずれかの文法的性（gender）に分けられる。その特徴は、次のようにまとめられる。

①文法的性は、実際の性別に従うのが普通だが、必ずしも一致しない。例えば、サンスクリット語で「神々」を意味する devatā という女性名詞は、女神だけでなく男神をも含んでいる。実際には女性である dāra（妻）と mātṛgrāma（婦人）という語は、いずれも男性名詞である。これは、ドイツ語で Frau（妻）が女性名詞で、Fräulein（令嬢）と Mädchen（少女）が中性名詞であるのに似ている。

②また、同じものを示す言葉の間でも文法的性が異なることがある。先の mātṛgrāma（婦人）が男性名詞であるのに対して、strī（婦人）は女性名詞である。dāra（妻）が男性なのに対して、bhāryā（妻）や patnī（妻）は女性で、kalatra（妻）が中性である。また「岩石」を意味する pāṣāṇa は男性だが、śilā は女性である。

③さらには、同一語が二つの性を持つものもある。例えば、bodhi（菩提）という語は、「菩

提樹」を意味するときは男性であり、「覚り」を意味するときは女性である。

④言語が異なれば、同じものを意味する語の性が異なることもある。例えば、「誓願」を意味するサンスクリット語の praṇidhi は男性だが、パーリ語の paṇidhi は女性である。こうしたことは、「月」を意味するドイツ語の Mond が男性で、英語の moon とフランス語の lune が女性であることに似ている。

⑤時代の変遷によって文法的性が変わったものもある。インド哲学で重要な意義を持つ artha（利得、義）は『リグ・ヴェーダ』の時代には中性だったが、その後、男性となった。

このように文法的性（gender）は、実際の生物学的性（sex）とは必ずしも一致しておらず、言語によっても異なっていて、文化的背景があって決められたものである。こうした特徴にちなんで、「歴史的・社会的・文化的に形成された性差」を表現するのにジェンダーという語が最適であったのであろう。

仏教のジェンダー平等

ところが、男女平等を論ずるにあたって、ジェンダーという語が用いられるようになったのはまだ新しく、一九七〇年代のことである。男女の性差を言うのに、「自然的・生物学的に規定された性差」（sex）という概念のみでは表現しきれないものが自覚されたからであろう。ジェンダーは、「歴史的・社会的・文化的に形成された性差」という意味で用いられている。

前者が先天的で変更し難いものであるのに比べ、後者は後天的で社会的に形成されたものだから、社会的に見直し、是正することも可能となる。これによって、生物学的差異という不可変のことと、社会的・文化的に形成された見直し可能なこととを明確にした。すなわち何を問題にし、何を改革すべきかを明確にする視点を提供したと言えよう。それは、男女が共同参画するジェンダー平等の社会を模索する視点としても注目されている。

仏教において、「自然的・生物学的に規定された性差」と「歴史的・社会的・文化的に形成された性差」といった視点の使い分けはあったのかどうか。原始仏典を調べてみると、驚くべきことに釈尊の言葉に類似の視点が見られるのである。それは、『スッタニパータ』に記録された次の言葉である。

> 髪についても、頭、耳、眼、口、鼻、唇、眉、首、肩、腹、背、臀《しり》、胸、陰部、交会《こうえ》、手、足、指、爪、脛《すね》、太腿、容貌、声についても、**他の生類《しょうるい》の間にあるような、生まれにもとづく特徴〔の区別〕**は〔人間同士においては〕決して存在しない。身体を有する〔異なる生き〕ものの間ではそれぞれ区別があるが、人間〔同士〕の間ではこれ〔区別〕は存在しない。**名称〔言葉〕によって、人間の間で差別が〔存在すると〕**説かれるのみである。（二一八頁。太字の強調は筆者による）

ここには、「他の生類の間にあるような、生まれにもとづく特徴（の区別）」としての生物学的な種による差異と、「名称（言葉）によって存在する人間の間での差別」という二つの観点が提示されている。ここでは、生物学的な差異として男女の違いを挙げることなく、直《ただ》ちに人間としての平等が論じられているという点がジェンダー論の場合とは異なっているけれども、「名称、すなわち言葉によって存在する人間の間の差別」が取り沙汰《ざた》されている。言葉はものごとに意義づけするものであり、文化的営みの最たるものである。その言葉によるのだから、これは歴史的・社会的・文化的に形成された差別と言ってもいいだろう。

ここで、釈尊は、生物の種・類による違いは認められても、人間同士には本来、差別はないと述べている。釈尊は、男女の差異ということよりも、人間という視点を持っていたのである。

こうした釈尊の平等観は、男女の性差を超えたものであり、今日言うところの「ジェンダー平等」の一例と見なせるであろう。

〝十大弟子〟は男性出家者に限らなかった

智慧第一のシャーリプトラ（舎利弗《しゃりほつ》）、多聞第一のアーナンダ（阿難）など、釈尊の弟子の中で際立っていた人たちは十大弟子と呼ばれた。それは、出家の男性のみを一〇人列挙したものだ。ところが、原始仏典の『アングッタラ・ニカーヤ』を見ると、代表的な弟子として、男性出家者が「十大弟子」のほかに三一人を加えた計四一人、在家の男性が一一人、女性出家者が一三人、在家の女性が一〇人、それぞれ名前が挙げられている。中国、日本に伝わる以前に女性と在家の弟子たちすべての名前と、男性出家者三一人の名前が削除されたのであろう。

女性出家者の代表には、智慧第一のケーマー尼、神通第一のウッパラヴァンナー尼、説法第一のダンマディンナー尼といった名前が挙げられている（詳細は、拙著『仏教のなかの男女観』第二章を参照）。智慧第一のケーマー尼は、合理的思考を徹底して男性修行者たちにひけを取ることはなかったし、説法第一のダンマディンナー尼も、智慧が勝れ男性に向かってしばしば法を説いていたという。それは、仏教が出現して約一〇〇年ぐらいたったころ、シリア王の大使として、インドのチャンドラグプタ王（?～前二九八ごろ）の宮殿を訪れていたギリシア人のメガステネース（紀元前三〇〇年ごろ）がギリシア語で書いた旅行記『インド誌』（*Ta Indika*）に書きとめていた次の言葉とも符合している。

インドには、驚くべきことがある。そこには女性の哲学者たち（philosophoi）がいて、男性の哲学者たちに伍《ご》して、難解なことを堂々と論議している！（中村元訳）

ここで「女性の哲学者たち」とは、尼僧のことである。

在家の男性では、説法第一としてチッタという資産家の名前を見ることができるし、在家の女性では、禅定《ぜんじょう》第一として釈尊の異母弟ナンダの母ウッタラーという名前も挙がっている。

資産家チッタが、『維摩経《ゆいまきょう》』の主人公である在家の菩薩《ぼさつ》ヴィマラキールティ（維摩詰《ゆいまきつ》）のモデルになった人だと言われていることは興味深い。

ここには、在家も女性も軽視していない原始仏教の人間観がうかがえる。ただし、釈尊滅後一〇〇年たったころから顕著になり始める教団の権威主義化に伴い、在家や女性は軽視され始め、小乗仏教と貶称《へんしょう》された保守的・権威主義的な教団を代表する説一切有部《せついっさいうぶ》などにおいては、経典の自分たちに都合の悪い箇所を削除して、改変するという操作も行なわれた。その痕跡《こんせき》が、男性出家者のみに限定された「十大弟子」であろう。

経典の改変としては、次のようなものがある。すでに述べたように、原始仏典の『ヴィナヤ』（パーリ語の『律蔵《りつぞう》』）では、初転法輪の際の共同生活において、釈尊自身も、五人の弟子たちとともに三人ずつ交互に托鉢に出かけていたとあった。ところが、後の小乗仏教を代表する説一切有部系の『中阿含経《ちゅうあごんきょう》』では、「五比丘を教うるに、二人を教化するときには、三人が乞食《こつじき》す。三人が食を持ち来たりて、六人の食に足らしむ。三人を教化するときには二人が乞食す。二人が食を持ち来たりて、六人の食に足らしむ」となっている。これでは、釈尊は托鉢（乞食）の当番からはずれていることになる。小乗仏教による釈尊の神格化の一環であろう。

あるいは、原始仏典で釈尊自身は自らを人々のための「善き友人」（kalyāṇa-mitta、善知識《ぜんちしき》）であると自認していた。弟子たちも「人間であるところの完全に目覚めた人（仏陀）」である釈尊に「君」、「ゴータマさんよ」と気軽に呼びかけていた。

ところが、次第に釈尊の言葉が「私は人間ではない。仏陀である」（『マッジマ・ニカーヤ』）と書き換えられ、説一切有部の論書では、次のように変わってしまう。

> 汝等《なんだち》、如来《にょらい》を呼ぶに具寿《ぐじゅ》と為《な》す勿《な》かれ。亦觸《またこと》に姓名を称する勿かれ。若《も》し故《ことさら》に爾《しか》れば、当《まさ》に長夜に於《お》いて無義理を獲《え》、諸《もろもろ》の劇苦《ぎゃくく》を受くるべし。（『阿毘達磨大毘婆沙論《あびだつまだいびばしゃろん》』）

「具寿」は、āyus（寿命）と所有を示す接尾辞 mat からなる āyuṣmat の直訳で、「長老」、「尊者」と漢訳された。従って、「如来を長老などと呼んだり、ゴータマなどと姓名で呼んではならない。もしも、そんなことをすれば、ためにならないことを得るであろうし、激しい苦しみを得るであろう」という意味になる。これは、まさに恫喝《どうかつ》である。

迷信・ドグマの排除

バッタチャリヤ博士の挙げられた二番目の「迷信やドグマや占いを排除した」ということを聞くと、多くの人は「あれ？」と思われるのではないだろうか。多くの日本仏教を見ていると、迷信的なことが多いように見受けられるからだ。

筆者は、ある大学教授の自宅を訪れた際、その奥様から次のようなことをお聞きした。

四国の霊験あらたかなことで有名なあるお寺に、ご主人と一緒に行かれて、そこの僧侶から、「ご主人の戸籍上の名前を紙に書いてください」と言われて書いた。

その教授は戸籍上の名前と、日ごろ使っている名前を使い分けておられた。例えば、石ノ森章太郎（一九三八—九八）という漫画家がいるが、筆者の少年時代には「ノ」が入ってぃなかったけれども、のちに入った。それと同じように、戸籍上はカタカナが入っている苗字だけれども、日ごろは入れないで用いておられた。その僧侶は、戸籍上の名前を書かせたその紙を受け取ると、目の前で丸めて燃やしたそうだ。そして、「あなたの名前には、カタカナのなんとかが入るでしょう」と言ったというのだ。それを聞いて、その教授夫妻は舞い上がってしまって、これは凄《すご》いと思ってしまわれたようだ。しかも、ジーッとその教授の顔を見つめて、僧侶が「あなたには早死にの相がある。私が八〇歳まで生きられる祈禱《きとう》をやってあげよう」というのでやってもらった。すると何百万円か請求され、払ったというのだ。

この話をされて、「植木さん、これをどう思われますか」と聞かれたので、「あぁ、それは詐欺《さぎ》的な行為でしょう」と答えた。僧侶が戸籍上の名前を当てたということだが、むろんそれは戸籍に書かれているものである。どこかに書かれているものを当てるのは難しいことではない。前もって調べれば分かることである。

そこで私は次のような話をした。「私は、誰々の生まれ変わりだ」と言う人もいる。しかし、その人の語っていることは、歴史の本などに書かれていることである。「もし、だれかの生まれ変わりであるならば、本に書かれていないことも喋《しゃべ》れるはずではないですか。その人の言われることが、本当に当たるのかどうかを知りたければ、『きのうの晩御飯、私が何を食べたか当ててください』と言ってみてください。これを当てたら信じていいです。私は最近、きのう晩御飯に何を食べたか自分でも思い出せないくらいですから」という話をした。帰ろうとすると、奥様は真面目な顔で「植木さん、きょうのお代はいくらですか？」と言われた。今から考えると一万円ぐらいもらっておけばよかったかな。それは冗談だが、「いりません」と言って帰ってきた。

身の回りの仏教を見ていると、こういうレベルのものが結構目につく。中村先生が、「日本の仏教は、シャーマニズムの域をほとんど出ていない」（『日本人の思惟方法』四五五〜四七〇頁）とおっしゃっていたことを思い出す。

安心を施すのが仏教

釈尊は、人の弱みに付け込むようなことを決して認めていなかった。人を脅迫したり、呪《じゅ》詛《そ》したりすることにも批判的であった。『スッタニパータ』には、歯は汚れ、頭は塵《ちり》だらけのバラモンが、バーヴァリという人のところへやって来て、五〇〇金を乞《こ》うという場面がある。すべてを施した後だったので、バーヴァリは施しができないことを詫《わ》びた。すると、そのバラモンは、「〔五〇〇金を〕乞うている私に、もしもお前が施与しないのであれば、〔今日から〕七日目にお前の頭は七つに裂けてしまえ！」（一九一頁）と、呪詛の作法を行なって、脅迫した。バーヴァリは、食べ物も喉を通らないほどに憂い、苦しみ抜いた。そこへ女神（devatā）が現われ、「彼は頭のことを知らないのです。彼は財産を欲しがっている詐欺師です。頭のことについても、頭の落ちることについても、彼の智慧は見いだされません」（同）と語る。そして、バーヴァリは、女神に勧められてブッダのもとへ弟子の学生《がくしょう》たちとともに訪れた。

ブッダは、バーヴァリに、次のように語った。

無明《むみょう》が、〔その裂けるべき〕頭であると知れ。明知が、信仰と念《おも》いと精神統一と意欲と努力とに結びついて、頭〔という言葉で象徴される無明〕を裂けさせるのである。（一九六頁）

釈尊は、「頭が七つに裂ける」というバラモン教で用いられていた脅し文句の意味を塗り替えてしまったのである。そして、「バーヴァリ・バラモンは、諸々の弟子とともに楽しくあれ。また学生よ、あなたも楽しくあれ。末長く生きよ」（一九七頁）と励まして、バーヴァリらを安心させた。人に不安感を与えるのではなく、安心感を与えるのが本来の仏教であった。人に恐怖心を与えて布施を強要することなど、あり得べからざることであった。それは、無畏施《むいせ》という言葉にも表われている。それは、恐怖に囚《とら》われている人々から不安を取り除き、安心感を施すことである。

釈尊が成道《じょうどう》したガヤーの地に、火の儀式を司ることで有名なカッサパ（迦葉《かしょう》）三兄弟がいた。彼らは、釈尊の教化を受けて弟子となった。その末弟のガヤー・カッサパは、男性出家者たちの回想を詩でつづった『テーラ・ガーター』において、「〔ブッダの〕よく説かれた言葉と、法（ダルマ）と利（アルタ）を伴った語句を聞いて、私は、あるがままの真実に即した道理を根源的に省察しました」（三九頁）と、述べている。

この言葉に仏教の基本思想の一端がうかがわれる。それは、「あるがままの真実に即した道理」（tathaṃ yathāvakaṃ atthaṃ）を説くものが仏教であったということである。カッサパ三兄弟は、古くから行なわれてきた火の儀式に対して何らの疑問も差し挟むことなく、取り組んできたのであろう。それに対して、釈尊は道理に照らして、ありのままの真実に目を向けさせたのである。

ホーマ（護摩）と沐浴の否定

釈尊が、迷信やドグマなどを否定した背景には、当時の既成宗教、特にバラモン教が迷信によって人々の心を迷わせていたという事実があった。その代表的なものが、この火を用いた供犠《くぎ》という迷信である。

宗教的権威者であるバラモン階層は、呪術的な祭儀を司っていた。その祭儀は、「ホーマ」(homa) と呼ばれる火祭りからなっていた。これは、「ヤジュニャ」(yajña) と呼ばれる動物供犠、生けにえの儀式である。これには動物ばかりでなく、牛乳やバターなどの乳製品、穀物も火の中に投じられた。動物の肉や脂肪や血であれ、穀物であれ、供物は火の中から煙に乗って天上の神のところに届くと語られていた。

これに対して、釈尊は「アヒンサー」（ahiṃsā、不殺生）を唱え、バラモン教のこうした祭儀を堕落した祭儀として否定した（中村元著『原始仏典を読む』一〇四頁）。『ディーガ・ニカーヤ』には、ホーマの術など、当時行なわれていたと思われる迷信が一つひとつ列挙され（六七〜七〇頁）、それぞれの末尾で、「このような畜生の魔術から離れていること——これが、またその人（修行僧）の戒めである」（七〇頁）と結論する言葉が繰り返されている。「ホーマ」は、漢字で「護摩《ごま》」と書かれ、真言密教に取り入れられた。しかし、釈尊はこの「ホーマ」の儀式を否定していたのだ。

火の供犠は、火を燃やすことで過去世からの穢《けが》れをなくすことができると信じられて、行なわれていた。火を神聖なものと考え、火を崇拝することによって身が浄《きよ》められ、苦から解《げ》脱《だっ》することができるというわけである。それに対して釈尊は、「火によって穢れがなくなるというのなら、朝から晩まで火を燃やして仕事をしている鍛冶《かじ》屋《や》さんが一番穢れが少なくて、解脱しているはずである。それなのに、カースト制度では最下層に位置付けられているのはどうしたわけであるか」と批判している。大変に道理にかなった言葉である。釈尊は、現に亡くなる直前に鍛冶工の子チュンダのもてなしを受け、教えを説いている。

さらに釈尊は、『サンユッタ・ニカーヤ』において、

バラモンよ、木片〔を燃やすこと〕が清らかさを定めると考えてはいけない。それは外

側のことにすぎないのである。完全なる清らかさを、人が外的なことによって求めるとするならば、その人は実に清らかさを〔得ることは〕ないと、善き行ないの人たちは説くのだ。（第一巻、一六九頁）

バラモンよ、私は木片を燃やすことを捨てて、まさに内面的に火を燃やすのだ。永遠の火を輝かせ、常に心を安らかに定めていて、尊敬されるべき人（阿羅漢）である私は、清らかな行ないを行ずるのだ。（同）

と述べている。

バラモン教は、人間の心の外側のことである火の儀式を重視して、形式的な儀式中心主義に陥っていたと言える。釈尊は、それに対して心の内面を輝かせる「火」こそ重要なものであり、それを「永遠の火」（niccaggini）であると言っていた。

ところが、後に仏教がヒンドゥー教の影響で密教化するにつれて、このホーマの儀式が仏教の中心的なものであるかのようになってしまうのである。

このほか、釈尊は沐浴《もくよく》についての迷信も否定していた。ガンジス河でバラモンが寒さに震えながら沐浴をしていると、女性出家者のプンニカー尼が通りかかって、問いかけた。

「何をしていらっしゃるのですか？」

「分かっているくせに、あなたは、そんなことを尋ねている。沐浴することによって、過去世の悪業《あくごう》を洗い流しているのだ」

と、バラモンが答えた。そこで、その女性出家者は、次のように批判した。

「じゃあ、魚や亀や鰐《わに》や蛙は生涯、水につかりっぱなしです。ということは、魚や亀や鰐や蛙のほうが、より解脱しているはずですね。それなのに、畜生として人間よりも低く見られているのはなぜでしょうか。あるいは、水には何が善業《ぜんごう》で、何が悪業かを判断する能力もあるのですね」

と皮肉を言った。そして、

「風邪をひかないように頑張ってください」

と言って去ろうとした。バラモンは、その言葉でハッと目が覚め、仏教に帰依することになった。その女性出家者は、出家前は「水汲み女」と呼ばれて、カースト制度の中では極めて低い階層であった。しかも男尊女卑の著しいインドで、女性の一言で最高階級のバラモンが宗旨を変えて仏教徒になった。こうしたことが、原始仏典に記されており、仏教は迷信じみたことを徹底して批判していたのである。

呪術・占いの否定

迷信の中には、超能力、さらには通力《つうりき》も含まれていると考えてよいであろう。原始仏教では、この超能力や、通力に頼ることも否定している。『テーラ・ガーター』で、「智慧第一」とも「真理の将軍」（dhamma-senāpati）とも称されたシャーリプトラ（舎利弗）が、わざわざ通力の名前を一つひとつ挙げて、「私は解脱して、煩悩のない者となった。〔しかし〕実に、過去世の生活〔を知る通力〕を得るために、ものごとを見透す天眼《てんげん》〔の通力〕を得るために、他人の心を読みとる〔通力〕を得るために、死と転生を知る〔通力〕を得るために、聴く働きを浄める〔通力〕を得るために私の誓願が存在するのではない」（九〇頁）と言っているのも注目すべきことである。これは、シャーリプトラが、「六つの通力（六通《ろくつう》）を得ることを目的として仏道を修行しているのではない」ということを自ら明言した言葉である。

釈尊は、最も古い経典とされる『スッタニパータ』において、バラモン階級をはじめとする人たちが行なっていた呪術などを用いることを、次のように明確に否定している。

〔仏教徒は、呪術的な儀式のしきたりを記した〕アタルヴァ・ヴェーダの呪法と夢占いと相《そう》の占いと星占いとを用いてはならない。鳥獣の声〔を占うこと〕、〔呪術的な〕懐妊術や医術を信奉して、従ったりしてはならない。（二八一頁）

ここでいう医術とは、当時の迷信じみた呪術的な医療のことである。

釈尊が前世において、菩薩として多くの生きものを救ったという物語を集めた『ジャータカ』の中には、「星の運がめでたくない」というアージーヴィカ（ājīvika）教徒の言葉に囚われて、せっかくのめでたい結婚を台無しにしてしまいそうになったカップルの話が描かれている。これに対して、賢者（過去世におけるブッダ）は、「星占いが何の役に立つのでしょうか。娘をめとることこそが実に〔めでたい〕星ではないのですか」（第一巻、二五八頁）と語っている。星占いによって人生を左右されることの愚かさを指摘し、それを否定しているのである。

あるいは、「不吉」を意味するカーラカンニという名の友人に留守中の家を守らせた豪商アナータピンディカが、その友人のおかげで財産を奪われずにすんだ話も『ジャータカ』に出ている。アナータピンディカは、「〔人の〕名前は、単に言葉だけのことです。賢者たちは、それを〔判断の〕基準にすることはありません。〔名前を〕聞いて吉凶を判断することだけはあってはならないのです。私は、一緒に泥んこ遊びをした〔幼な〕友達を名前だけのために捨てることはできないでありましょう」（同、一四〜一七頁）と語っている。つまり、姓名判断的な行為も否定していたのである。

正しく見て・考えて・行動する

こうした迷信やドグマを排して、ものごとを正しく見て、正しく考えて、正しく行動するということを教えたのが、八正道《はっしょうどう》（āryāṣṭāṅga-mārga、八聖道）であったと言えよう。原始仏典には、しばしば、「〔ブッダは〕苦しみと、苦しみの生起と、苦しみの超克と、苦しみの止滅に趣《おもむ》く八つの項目からなる聖なる道（八正道）を〔示された〕」（『テーラ・ガーター』一一二頁）といった記述が見られる。誤った考え方は、苦を生み出す原因であり、その「苦しみの止滅に趣く」ために説かれたのが八正道であった。それは、次の八項目からなっている。

①正見《しょうけん》（samyag-dṛṣṭi、正しく見ること）
②正思《しょうし》（samyak-saṃkalpa、正しく考えること）
③正語《しょうご》（samyag-vāc、正しく言葉を用いること）
④正業《しょうごう》（samyak-karmānta、正しく振る舞うこと）
⑤正　命《しょうみょう》（samyag-ājīva、正しく生活すること）
⑥正　精進《しょうしょうじん》（samyag-vyāyāma、正しく努力すること）
⑦正念《しょうねん》（samyak-smṛti、正しく思念すること）
⑧正　定《しょうじょう》（samyak-samādhi、正しく精神統一すること）

いずれも、「正しく」（samyak）という文字が付いている。筆者は、初めこれらを見て、「正しく」という副詞をつけても、何をもって「正しい」とするのかを述べなければ、それは何も言っていないに等しいと思っていた。けれども、当時の思想情況を知って納得した。いずれの項目も、バラモン教はもとより、釈尊と同時代にガンジス河中流域で唯物論、道徳否定論、不可知論、決定論、相対論、要素説を唱えていた六人の自由思想家（六師外道《ろくしげどう》）などが活躍していた当時の思想情況、思考法、実践法を正しながら、正しい「法」に目覚めさせるものであったのである。

当時は、生まれによって人の貴賤が決まるとされたり、その生まれも、「行為」、あるいは「行為の残す潜在的余力」という意味で、「業《ごう》」と漢訳されたカルマン（karman）によって決定づけられているとしたり、浄・不浄という観念に囚われて、沐浴によって穢れを浄めようとしたり、呪術に頼ったり、火を礼拝したり、極端な苦行に専念したりするなど不合理なことが横行していた。そうしたことに対する批判的な是正の意味も込めて「八正道」が説かれたのではないだろうか。ここでいう「正しく」とは、人や生きものを犠牲にしたり、因習に囚われて無批判に追随したりするといった道理に反した在り方を否定しているのである。このほか、「中道《ちゅうどう》」や「四聖諦《ししょうたい》」が説かれたのも、通力や、おまじない、迷信、占い、呪術などの誤った考え、不合理な因果のとらえ方などを正すという意味合いがあったと思われる。

こうした事実を見てくると、筆者の学生時代にマスコミで騒がれたスプーン曲げも冷静に考えることができる。筆者は学生時代、スプーン曲げで騒いでいる後輩に言った。「スプーンで人がすくえるか？」と。その後輩が答えた。「すくえます。スコップぐらいの大きさのスプーンなら、人間一人ぐらいすくえます」と。人の足下をすくうような答えを言われて笑ったことがあった。

筆者は超能力と言われるものは全く持ち合わせていない。しかし、スプーンを曲げたいのならペンチを使えば曲げることができる。超能力で曲げたスプーンと、ペンチで曲げたスプーンと何が異なるのか？　ペンチで曲げたスプーンで何の不自由があるというのか？　スプーン曲げを自慢する人がいたら、「あなたはスプーンを曲げるために生きているのですか？」と問いたい。

あるいは、かつてスプーン曲げで騒がれた少年は、その後、犯罪行為で新聞沙汰になっていた。超能力を持つことと、人生を有価値的に生きることとは全く関係ないようだ。釈尊が今、生きていたら、きっとそんな感想を漏らすのではないだろうか。

西洋的な倫理観を説かず

バッタチャリヤ博士の挙げられた三番目、「西洋的な倫理観を説かなかった」というのは、少し説明が必要であろう。西洋における倫理は、まず天地を創造し、生き物を産み出し、人間を創り出した絶対神のゴッド（God）が前提となっている。その絶対神に対する約束ごと、契約として、人はこうしてはいけない、ああしてはいけないという倫理が成り立つ。仏教はそういう倫理を説くことはない。仏教は、天地創造の神とか、人間や生き物を創り出した神様というのは立てない。仏教に出てくる神様というのは、人間と似たようなもので、間抜けなこともするし、落ち込むこともあるし、そういうレベルである。絶対神は出てこない。では、その仏教でどういう倫理が説かれたかというと、「私は人から危害を加えられるのは嫌である。ということは、ほかの人も嫌だろう。だから私はほかの人にこういうことをしないようにしよう」と、単純にそれだけなのである。

原始仏典には、次のような言葉が見られる。

すべての生きものは暴力を恐れる。すべての生きものは死に脅える。わが身に引き比べて、殺してはならない。また他人をして殺させてはならない。(『ダンマパダ』)

「彼らも私と同様であり、私も彼らと同様である」と思って、わが身に引き比べて、殺してはならない。また他人をして殺させてはならない。(『スッタニパータ』)

自他が不二《ふに》であり、「わが身に引き比べて」、嫌なことを他者に対してしてはならないし、喜ばれることを他者にしてあげるべきだというのである。ここには、神様は出てこない。もしも、ここに神様というものを介在させるならば、「神様のために人を殺す」ということは正義であると考える人が出てこないとも限らない。ということは、神様が目的で、人間が手段化されるのである。仏教では、神様なしに、人間対人間という現実の関係において倫理が説かれた。そこにおいては、人間が手段化されるのではなく、人間が目的であったわけだ。仏教では、そういった倫理が説かれた。

以上の三点を挙げて、バッタチャリヤ博士は、「仏教は二一世紀に重要な思想になるでしょう」というタゴールの言葉で話を結ばれた。

「真の自己」の探究

筆者は、バッタチャリヤ博士の挙げられた三点について自分なりに以上のことを確認して、タゴールの言葉の重みが納得できた。しかも、仏教の現代的な意義に関して、これらの三点に加えて、第四に、仏教は法（真理の教え）と、真の自己に目覚めることを重視した。ということも挙げることができるだろうと思うようになった。それは、「自分自身が今ここにいることの意味（意義）を知ること」と言い換えてもいいであろう。

人間というのは、生まれてきたときは自覚がなく、だんだんと物心がついて、「私はいつの間にかここに生まれていた」という存在だろう。「私が」、「今」、「ここ」にいることの意味を知ることが、生き甲斐の一番の根拠ではないかと思うのだが、仏教は「真の自己」に目覚めることを説いていたのである。

仏教は通力や、おまじない、占い、超能力、呪術的な医療、呪術的祭式、儀式偏重などすべてを否定していた。重視すべきことは、「あるがままの真実に即した道理」であり、普遍的な真理としての法（dharma、真理）であった。その「法」を自らに体現し、「真の自己」に目覚めることこそが仏教の目指したことであった。本来の仏教は、自覚を重視した宗教であると言っても過言ではない。

仏教が目指したことは、「真の自己」の覚知による一切の迷妄、苦からの解放であったと言える。仏教は、パーリ語のアナッタン（anattan）、あるいはサンスクリット語のアナートマン（anātman）を説いたと言われる。これが中国で「無我」、すなわち「我が無い」と訳されたために、仏教は自己を否定するものという誤解を生じた。ところが、原始仏典を読んでいると、「自己に目覚めよ」という言葉が多数出てくる。「我」も「自己」も、パーリ語のアッタン（attan）、サンスクリット語のアートマン（ātman）の訳である。これに否定を意味する接頭辞 an- を付けたのが、アナッタンとアナートマンで、否定の接頭辞を「無」ととらえ、「無我」と訳された。ところがこれは、むしろ「非我」（何かが我なのではない）と訳されるべきものである。何か実体的なものを自己として想定し、それに執着することを戒めたのである。

『テーリー・ガーター』の第一七七偈《げ》に次の一節がある。

〔尼僧たちよ、〕こころを準備して、一点によく統一し、もろもろの形成されたものを〔自己とは異なる〕他のものであり、自己ではないと観察するがよい。（一四〇頁）

ここに、最初期の非我説を見ることができ、それによって「何かが我なのではない」という意味を確認することができる。鳩摩《くま》羅什《らじゅう》（kumārajīva、三五〇～四〇九）訳『維摩経』にも、しばしば「非我」という漢訳語が登場する（植木訳『維摩経』六三、二〇五頁など）。

何かに執着し、何かに囚われた自己にではなく、「法に則って生きる自己」に目覚めさせようとしたのが仏教であった。その自己は、法に則っているが故に「真の自己」なのである。

自帰依と法帰依

だから、原始仏典では「真の自己」と「法」を根本とする生き方が強調されている。その代表的なものが、『マハー・パリニッバーナ・スッタンタ』の次の一節である。

それ故にアーナンダよ、この世において自己という島に住せよ。自己という帰依処《きえしょ》は真の帰依処である。法という島に〔住せよ〕、法という帰依処は真の帰依処である。(『ディーガ・ニカーヤ』第二巻、一〇〇頁)

これは、「自帰依《じきえ》」、「法帰依《ほうきえ》」と言われる一節である(この後「身・受・心・法について観察すべし」と説かれるが、白法祖訳『仏般泥経』等に欠落し、後世の付加とされるので、筆者は採用しない)。これは、釈尊の入滅を間近にして、釈尊亡き後、だれ(何)を頼りにすればよいのかと不安をいだくアーナンダ(阿難)に対して、遺言のごとく説かれたものであった。前述のように、アーナンダは、侍者として二五年にわたって釈尊に仕え、説法を直接聴聞することが最も多かった(多聞第一)。そのアーナンダが伝えた言葉であり、重みがある。これは、他者に依存しようとすることを戒めた言葉である。あるいは、「他者の視線」を通して自らをとらえ、位置づける生き方を戒めたものともとらえることができる。一人の人間としての自立した生き方は、他者に迎合したり、隷属したり、依存したりするところからは、生まれてこない。自らの法(ダルマ)に目覚め、それを依《よ》り所とするところに一個の人間としての自立と、尊厳が自覚される。それが仏法の目指したものであり、「ブッダ」(buddha)という言葉が「目覚めた(人)」という意味であるということも、そのことを示している。すなわち、「法(真理)に目覚めた人」であり、かつまた「真の自己に目覚めた人」のことである。「法」と漢訳された「ダルマ」(dharma)は、インド哲学の重要な概念であり、中村先生の

『仏教語大辞典』によると、

①慣例。習慣。風習。行為の規範。
②なすべきこと。つとめ。義務。ことわりのみち。
③社会的秩序。社会制度。
④善。善い行為。徳。
⑤真理。真実。理法。普遍的意義のあることわり。
⑥全世界の根底。
⑦宗教的義務。
⑧真理の認識の規範、法則。
⑨教え。教説。仏の教え。
⑩本質。本性。

などの多くの意味を有している。

ダルマは、語源的には「支える」という意味の動詞ドゥフリ（√dhṛ）の名詞形で、「支えるもの」という意味である。事物を事物たらしめ、人間を人間たらしめ、社会を社会たらしめるものという意味であり、「真理」「道徳」「規範」「法則」「義務」「宗教」などの意味を持っている。さらには、そうしたことについて説かれた「教え」という意味でも用いられる。また、その「法」によってそうあらしめられた「事物」という意味も持っている。従ってダルマは「事物」という意味と、「事物を事物たらしめるもの」という両方の意味を併せ持っていて、話が混乱しやすい。それで、「法を法たらしめるもの」という意味のダルマター(dharmatā、法の本性、法性《ほっしょう》)という語を使って両者を使い分けているように見受けられる。

法に依って人に依らざれ

中村先生は、この「自帰依」、「法帰依」の一節について、「〈自己にたよる〉ことは、すなわち〈法にたよる〉ことである。（ここで『法』というのは、人間の理法、ダルマのことである。）また〈法〉は宙に浮いているものではなくて、必ず人間を通じて具現されるから、〈法にたよる〉ことは〈自己にたよる〉ことになる」（『自己の探求』九八頁）と、「自帰依」と「法帰依」とは一体のものであることを述べておられる。

二〜三世紀ごろのナーガールジュナ（龍樹《りゅうじゅ》）が著わした『宝行王正論《ほうぎょうおうしょうろん》』（*Ratnāvalī*）にも、「若《も》し人此《こ》の法を愛せば、是《こ》れは実に自身を愛するなり」（『大正新脩大蔵経』巻三二、五〇五頁上）という言葉があり、「法」と「自身」（自己）とを関連付けてとらえていて、中村先生の見解を裏付けている。

この「自ら」と「法」とは、仏教でよく言う「人《にん》」と「法《ほう》」ということに相当している。「人」は具体的な人格的側面、「法」は普遍的真理の側面をとらえたものである。このような「人」と「法」の関係を最もよく示した言葉が、「ヴァッカリよ、実に法を見るものは私〈ブッダ」を見る。私を見るものは法を見る。ヴァッカリよ、実に法を見ながら私を見るのであって、私を見ながら法を見るのである」（『サンユッタ・ニカーヤ』第三巻、一二〇頁）というものであろう。ブッダを見るということは、特別な存在としてのブッダではなく、そのブッダをブッダたらしめている「法」を見ることであり、その「法」も観念的・抽象的なものとしてあるのではなく、ブッダの人格として具体化されて存在している。

しかも、その「法」はブッダのみに開かれているのではなく、だれにも平等に開かれている。従って、その「法」に目覚め、自らに体現すれば、だれでもブッダ、すなわち目覚めた人（覚者）であるということなのだ。ただ「人」と「法」では、具象的な「人」のほうに目が奪われやすい。具体的なだれかを特別視して、自らを卑下してしまい、自己に「法」を体現することを見失いがちである。その点に対して、『涅槃経《ねはんぎょう》』と『維摩経』では、依法不依人《えほうふえにん》（『大正新脩大蔵経』巻一二、六四二頁上。巻一四、五五六頁下）すなわち、「法に依って人に依らざれ」と戒めていた。

中村先生が言われるように、〈自己にたよる〉ことと〈法にたよる〉こととは、普遍的な真理が人格化され、具体化されることによって一体となり、それぞれが不可欠の関係になってくるのである。従って、「自らの法に目覚める」ということは、「真の自己」に目覚めることだと言ってもかまわないであろう。これは、単なる「自己」ではなく、普遍的真理である「法」が具現された「自己」という意味で、「真の自己」なのである。

自己への目覚めが他者への慈しみに

中村先生は、また「法」と「自己」の関係について『大乗仏教の思想』において、「原始仏教では〔中略〕真の自己は法（ダルマ）にかなった行為的実践のうちにのみ実現されるものであるということを強調した」（一三〇頁）と述べておられる。大乗仏教においてもその基本的な考えは変わらず、ナーガールジュナは、その行為的実践の内容を『中論《ちゅうろん》』観業品《かんごうぼん》第一七に記していて、サンスクリット原文と漢訳は次の通りである。

自己を制し、他人を利益《りやく》し、慈しみに満ちていることが法である。それは、今世においても、後世においても、果報を生み出す種子である。（『プラサンナパダー』第三〇三偈）

人能《よ》く心を降伏《ごうぶく》し、衆生《しゅじょう》を利益すれば、是《こ》れを名づけて慈善と為《な》す。二世《にせ》の果報の種なり。（『大正新脩大蔵経』巻三〇、二一頁中）

と述べている。漢訳には訳出されていないが、原文には「法」がいかなるものかが論じられている。

ここでは、自己と他者との両面にわたることとして「法」が論じられている。「真の自己」に目覚めることは、利己的になるということではない。「真の自己」に目覚めることは、他者の「真の自己」に目覚めることでもある。それは、あらゆるものとの関係性の中で存在しているという縁起の関係としての自己に目覚めることでもあるのだ。ここに他者への慈しみという行為が成立するのである。

その慈しみということを説いた経が、『スッタニパータ』の中の「慈しみの経」(mettā-sutta)と言われるものである。

一切の生きとし生けるものは、幸福で〔あれ〕、安穏であれ、自ら幸せであれ。それらがいかなる生き物・生類であっても、おびえているものでも、動揺することのない〔強い〕ものでも、すべての長いものでも、大きなものでも、中くらいのものでも、短いものでも、微小なものでも、粗大なものでも、〔目で〕見られるものでも、見られないものでも、遠くに住むものでも、近くに〔住む〕ものでも、すでに生まれたものでも、これから生まれるものでも、すべての生きとし生けるものは自ら幸せであれ。

人は、他人をあざむいてはならない。どこにおいても、だれであっても〔他人を〕軽蔑してはならない。怒りと憎悪の思いから互いに他人の苦しみを望んではならない。

あたかも母親が、一人っ子の自分の子どもを命をもって守るように、そのようにすべての生き物に対して無量の〔慈しみの〕心を生ずるべきである。

また、全世界において、上に、下に、そして横に、障害なく、怨《うら》みもなく、敵意もなく、無量の慈しみの心を生ずるべきである。

立っていても、歩いていても、坐っていても、臥《ふ》していても、眠っていない限り、この〔慈しみの〕念をたもつべきである。この世では、これを崇高な境地と呼ぶのである。

（二五〜二六頁）

ここには、純粋な愛としての慈しみの念が説かれている。愛は憎しみに転ずる可能性が否定できない。それに対して、慈しみは愛憎の対立を超えた絶対的な愛である（中村元著『原始仏教の思想』七六二頁）。人を憎むことを釈尊は、『ダンマパダ』（真理の言葉）で次のように戒めていた。

実に、この世においては諸々の怨みは、怨みによって決して静まることはない。けれども、〔諸々の怨みは〕怨みのないことによって静まるのである。これは永遠の真理である。（二頁）

また、自己と他者との関係では、次のような言葉も見られる。

あらゆる方向を心が探し求めてみたものの、どこにも自分よりももっと愛《いと》しいものを見出すことは決してなかった。このように、他の人にとっても、自己はそれぞれ愛しいものである。だから、自己を愛するものは、他の人を害してはならないのである。（『サンユッタ・ニカーヤ』第一巻、七五頁）

これは、「真の自己」に目覚めるがゆえに、自己の存在の重さ、愛しさが自覚され、それはそのまま他者の存在の重さ、愛しさをも自覚することにつながり、他人を手段化したり、危害を加えたりするようなことは、もっての外であるということを意味している。

仏教では、このように「真の自己」への目覚めを積極的に教えた。ところが、「非我」や

「無常」、「寂滅」などの否定的表現が多用されていることから、一見してニヒリズムであるかのように思われることもあった。西洋の多くの学者たちからもニヒリズムだと評されたりもしてきた。しかしそれは、自己以外の一切の価値を否定することを通して、自己を凝視して、「真の自己」の実現を目指した積極的なものであったのである。その「真の自己」の実現は、他者の「真の自己」の自覚へとつながり、社会性の獲得とともに、やがて慈悲の実践に向かうのである。世俗的なものをすべて払いのけて、「真の自己」を探究するということが、原始仏教修行者の目的であった。それはまた人間の理想としての「法」の実現であったわけである（中村元著『原始仏教の成立』一四五頁）。

自己こそ自己の主

このように「真の自己」の探究を強調した原始仏典では、自己ということに関して次のように言う。

戦場において一〇〇〇の一〇〇〇倍（すなわち一〇〇万）の人に勝つ人と、唯《た》だ一つ（の自己）に克《か》つ人とでは、実にその（後者の）人が戦いの最上の勝利者である。実に自己に克つことは、他の人々に勝つことよりもすぐれている。自己を調えている人の中で常に自己を抑制している修行者――このような人の勝利したことを敗北になすようなことは、神も、ガンダルヴァ（天の伎楽神《ぎがくじん》）も、悪魔も、梵天もなすことができない。

（『ダンマパダ』二九頁）

あるいは、

賢明な人は、奮起と、不放逸、克己、自制によって〔よりどころとしての〕島を作る。激流もそれを粉砕することはできない。（『ウダーナ・ヴァルガ』一二七頁）

などと述べている。「己に克つ」（克己）ことが、激流にも押し流されることのない依り所としての自己を確立するということを言った箇所である。ここで言う「島」も、釈尊が入滅する直前にアーナンダ（阿難）に語っていた、「自帰依」と「法帰依」を示す「自己という島に任せよ」「法という島に任せよ」の「島」と同じ意味であろう。

原始仏典では、こうした「己に克つ」という意味で、「自己を調えよ」ということを頻繁に強調している。その代表的なものをいくつか挙げてみよう。

もしも自己を愛しいものと知るならば、自己をよく守れ（中略）先《ま》ず自己を正しく確立し、次いで他人に教えるならば、賢明な人は、汚れに染まることがないであろう。他人に教えるとおりに自分も行なうがよい。〔自分を〕よく調えた人こそ、〔他人を〕調えるであろう。〔ところが、〕自己は実に調え難い。自己こそ自分の主《あるじ》である。他人がどうして〔自分の〕主であるはずがあろうか？ 自己をよく調えることによって、人は得難き主を得るのだ。（『ダンマパダ』四五頁）

みずから自分を責めよ。みずから自己について熟慮せよ。修行僧よ、自己を護《まも》り、正し

い念《おも》いをたもっていれば、あなたは安楽に住するであろう。（同、一〇六頁）

まさに自己を調えよ。御者が名馬を〔調教する〕ように。実によく調えられた自己によって、念いを正し、苦しみの向こう岸へと到るのである。実に自己こそ自己の主であり、自己が自己のよりどころである。それ故に、自己を調えよ。御者が名馬を〔調教する〕ように。（『ウダーナ・ヴァルガ』二六六〜二六七頁）

「真の自己」を覚知（確立）することの重要性を、仏教がいかに強調していたかということがよく分かる。『サンユッタ・ニカーヤ』には、「よく調えられた自己は人間の光明である」（第一巻、一六九頁）という言葉も見られる。

仏典では、「真の自己」について論ずる際に、このように馬と御者の関係の譬喩《ひゆ》を用いることがしばしば見られる。感情や煩悩は放っておくと暴走し始め、どこへ突っ走るのか分からない。それを制御するのが「真の自己」であるということであろう。感情や煩悩も自己と言えるが「真の自己」とは言えない。このような両者の関係を馬と御者でとらえているのだ。初期大乗仏典の一つである『六波羅蜜経《ろくはらみつきょう》』においては、「心の師とはなるとも、心を師とせざれ」とある。ここで言う「心」が馬にあたり、「心の師」が御者に相当すると言えよう。「心を師」とすることは、御者不在の馬任せという状態を意味している。仏教は、このように自らを自制することを強調していたのである。

馬と御者の関係では、中国の天台大師《てんだいだいし》智顗《ちぎ》も『摩訶止観《まかしかん》』において、「快馬《かいば》は鞭影《べんえい》を見て、即《すなわ》ち正路《しょうろ》に到る」(『大正新脩大蔵経』巻四六、一九頁上)と言っている。快馬とは、名馬の意でもある。ここには、名馬といえども正しいコース(正路)を踏み外すことがあるという前提に立っていることがうかがわれる。しかも、コースを外れるか否かが名馬の条件なのではないということである。馬がコースを外れたときに、騎手が鞭《むち》を振り上げる。地面に映ったその鞭の影を見ただけで、鞭打たれる前にハッと気付いて、正しいコースに戻ることができる。それが名馬だというのだ。ここに、仏教が潔癖主義ではないことがうかがわれて、筆者などはほっとしている。

原始仏典には、「慚じらいをもって慎んでいて、賢い馬が鞭を気にかけなくていいように、世の非難を気にかけなくていい人が、この世にだれが居るだろうか?」(『ダンマパダ』四〇頁)ともある。仏教では、「真の自己」への覚醒《かくせい》を通した自主性、自律性の確立こそが問われるのだ。鞭で打たれても、打たれても、気付けない駄馬であってはならないと自戒することが強調されている。

「あなた自身を知りなさい」

愛する人、大切な人の死の悲しみは、何ものにも代えがたいものであろう。釈尊が亡くなろうとするとき、随行者のアーナンダも嘆き悲しんだ。それに対して、釈尊は、次のように語って聞かせた。

やめなさい。アーナンダよ。悲しんではいけない。嘆いてはいけない。アーナンダよ。私は、かつて次のように説いたのだ。〔人は、ゆくゆくは〕すべての愛するもの、好ましいものから別れ、離れて、異なるものになるということを。そもそも、生じて、存在し、作られ、破壊されるべきものでありながら、それが滅しないようにということが、どうしてありえるだろうか。（『マハー・パリニッバーナ・スッタンタ』）

ここは釈尊自身のこととして語っているから、あらゆるものは無常であり、死を免れないということをはっきりと言っている。しかし釈尊は、わが子を亡くした母親たちに対して、その厳粛なる事実をストレートに語ることは決してなかった。

『テーリー・ガーター』には、ジーヴァーという娘を亡くしたウッビリー尼という女性の話が記されている。コーサラ（拘薩羅、憍薩羅）国の王妃であったウッビリーは、亡くなった娘のことを思って林の火葬場で泣き叫んでいた。そこへ釈尊が歩み寄って、語りかけた。

母よ。あなたは、「ジーヴァーよ！」と言って、林の中で号泣している。ウッビリーよ、あなた自身を知りなさい。ジーヴァーと名づけられた八万四〇〇〇人の娘が、すべてこの火葬場において荼毘《だび》に付された。それらのうちのだれを、あなたは悼《いた》んでいるのか？

（『テーリー・ガーター』一二八頁）

この言葉で、ハッと我に返ったウッビリーは、

ああ、あなたは、私の心にささっている目に見えない矢を引き抜いてくださいました。

あなたは、悲しみに打ちひしがれている私のために、娘の〔死の〕悲しみを除いてくださいました。いま、矢を引き抜かれたこの私は、飢渇（妄執）のない者となり、完全な安らぎに帰しています。私は、ブッダ（仏）と、真理の教え（法）と、修行者の集い（僧）に帰依します。（同、一二九頁）

と言って、出家して釈尊の弟子となった。

また、サーヴァッティー市の貧しい家に生まれたキサー・ゴータミーという女性は、男の子を出産したが、死んでしまった。その亡骸《なきがら》を抱き、半狂乱になって、「子どもを生き返らせる薬をください」と、街中をさまよい歩いた。人々は、彼女をあざ笑った。釈尊は、ゴータミーを哀れみ、「私が生き返らせてあげよう」と声をかけた。

「そのためには、農家から芥子《からし》の実をもらってこなければならない」

ゴータミーは、喜んで農家へと向かった。釈尊は、その背後から、「ただし、その家からは一人も死者を出したことがない家でなければならない」という条件を付け加えた。ゴータミーは、一軒一軒訪ねて回る。どこにも死者を出したことのない家はなかった。どの家でも、「祖母が亡くなった」、「祖父が亡くなった」、「母が……」、「父が……」、「妻が……」、「夫が……」、「子どもが……」という言葉が返ってきた。それを繰り返しているうちに、狂乱状態から我に返る。子どもの死という事実を事実として見ることができなかった、あるいは見ようとしなかったゴータミーが、死という事実を直視した。こうして真理に目覚め、釈尊の弟子となった。

　彼女たちは、子どもの可愛さのあまり、「我がもの」という思いを抱き、もはや生き返るはずのない子どもが生き返るようにという妄執にとらわれ、思い通りにならない苦しみに苛《さいな》まれていた。死という事実について、釈尊が「あらゆるものは無常を免れない」と言葉でいくら説明しても、彼女たちはその悲しみを乗り越えることはできなかったであろう。自分で無常であるということに気付いて、死という事実を受け止め、自分でその悲しみを乗り越えるしか解決策はない。

「八万四〇〇〇」という数字は、極めて大きな数を示す慣用句で、「無数の」といった意味である。釈尊の言葉を聞いてウッビリーは、自分の娘の死から八万四〇〇〇人、すなわち無数のジーヴァーの死へと視野を開くことによって、死という厳粛なる事実を直視したのであろう。また、自分以外の八万四〇〇〇人のジーヴァーの母親の悲しみをも感じ取ったのではないだろうか。

　それと同時に、子どもの死を通して、愛する子どもといえども最終的には別離を余儀なくされるもので、「我がもの」ではなく、「非我」であることを覚知した。さらに、具体的な形あるものすべてが「我がもの」ではなく、「我」でないことにも目覚めた。その結果、自己とは何かという視点も生じたことであろう。

　ウッビリー尼の言葉は、極めて素朴な表現ではあるが、釈尊の「あなた自身を知りなさい」（attānaṃ adhigaccha）という言葉通り、妄執を離れ「真の自己」の輪郭に目覚めたことを語っているのであろう。

このように、釈尊は子どもを亡くしたかわいそうな女性たちを、真理（パーリ語 dhamma、サンスクリット語 dharma＝法）に目覚めさせ、心を解脱させ、そして安らぎの境地を得させて救っていた。

原始仏典には、釈尊の教えを聞いて、弟子たちが目覚めるという場面に必ず出てくる次のような定型句がある。

素晴らしい。君、ゴータマさんよ。素晴らしい。君、ゴータマさんよ。あたかも、君、ゴータマさんよ、倒れたものを起こすように、あるいは覆われたものを開いてやるように、あるいは〔道に〕迷ったものに道を示すように、あるいは暗闇に油の燈《とも》し火をかかげて眼ある人が色やかたちを見るように、そのように君、ゴータマさんはいろいろな手立てによって法（真理）を明らかにされました。（『サンユッタ・ニカーヤ』第一巻、一六一頁）

目覚めた弟子たちの発したこの言葉から読み取れることは、仏教は「道に迷ったもの」に正しい方角を指し示すものであって、道を歩くのは本人であるという前提があるということだ。また、仏教は暗闇の中で燈火を掲げるようなものだとも言っている。その明かりによって「色やかたち」を持つものをありのままに見、自己をも如実に見ることができるのである。

今まで見えなかった「眼」を見えるようにしてやるのが仏教だと言ってもよいであろう。それは、「法」と「真の自己」に目覚めさせることであり、この場合も、「法」と「真の自己」を見るのは本人である。

こうしたことから、「仏教」という言い方は、正確な表現ではない。仏教徒は、「仏が説いた教え」を意味する「仏教」という言い方ではなく、「仏法」(buddha-dharma) という言葉を用いた。これは buddha (仏陀) と dharma (法、真理) の複合語である。それは、「仏が覚った真理」「仏によって説かれた真理」「仏になるための真理」という意味をすべて含んでいる。仏陀が覚って、仏陀によって説かれた真理としてのその「法」は、男女を問わず、だれ人にも開かれたもので、それを覚れば、だれでもブッダ (buddha)、すなわち「目覚めた人」(覚者) となることができるものであったのだ。

何に目覚めるかというと、人間としての真理 (法)、真の自己に目覚めるという意味である。だから真の自己に目覚めた人、あるいは法に目覚めた人は、ブッダだったのだ。それが原始仏教というか、歴史的な人物としての釈尊が説こうとしたことの基本的な内容だったわけである。

それが、釈尊滅後、すでにインドにおいて権威主義化して、在家や女性が差別されるようになったり、さらに中国、日本へと伝わってくるにつれて変容していく。おおまかな流れとして、そういうことを押さえておいてもらいたいと思う。

第二章　中国での漢訳と仏教受容

訳経者たちの顔ぶれ

次に、中国における仏典の漢訳と、仏教の受容の仕方について見てみよう。漢訳が始まったのは二世紀の中ごろである。漢訳の初期段階で重要な役割を果たしたのが、二世紀半ばに中国にやってきた安世高《あんせいこう》（生没年不詳）と支婁迦讖《しるかせん》（生没年不詳）の二人であった。

西域《さいいき》に安息《あんそく》（パルティア）という国があった。ペルシャ人の国である。そこから安世高という人が、一四八年に中国の洛陽《らくよう》にやってきた。名前に「安」とあるのは安息国から来たということを意味している。そのすぐ後に、支婁迦讖という人もやってくる。ローカクシェーマという名前が婁迦讖《るかせん》と音写された。頭の「支」は、カニシカ王の支配していたアム河を中心とする中央アジアから西北インドに至る月支《げっし》（月氏）国のことで、「月支から来たローカクシェーマ（婁迦讖）」を意味している。

この二人の後に二〇〇人近くの訳経者が続き、その中の代表的な人物は、鳩摩羅什《くまらじゅう》（五世紀）、真諦《しんだい》（六世紀）、玄奘《げんじょう》（七世紀）を挙げることができよう。訳者の出身地で最も多かったのは中央アジアで、安息出身では安世高のほかに安玄《あんげん》、安法欽《あんほうきん》、安文恵《あんぶんけい》、安法賢《あんほうけん》など、月支出身では支婁迦讖のほかに支曜《しよう》、支法度《しほうど》、支彊梁接《しきょうりようせつ》、支施崙《しせろん》、支敏度《しびんど》、支遁《しとん》らの名前も見られる。支謙《しけん》は月支からの帰化人の子孫である。現在のキルギス地方にあたる康居《こうきょ》（ソグディアナ）出身者では康孟詳《こうもうしょう》、康僧会《こうそうえ》、康僧鎧《こうそうがい》、康巨《こうきょ》などがおり、亀茲《きじ》（クチャ）の王族出身を示す白《はく》（帛《はく》）姓を持つ白延《はくえん》、白法祖《はくほうそ》、帛尸梨蜜多羅《はくしりみったら》などの名前が見られる。

中央アジア出身者のほかには、インド出身者が活躍した。天竺出身であることを示す竺の字を持つ竺仏朔《じくぶつさく》、竺将焔《じくしょうえん》、竺法蘭《じくほうらん》もいる。敦煌《とんこう》生まれの竺法護《じくほうご》の名前に竺とあるのは、天竺に留学したからであろう。北インド出身の仏陀跋陀羅《ぶつだばつだら》（ブッダバドラ）や菩提流支《ぼだいるし》（ボーディルチ）、勒那摩提《ろくなまだい》（ラトナマティ）、中インド出身の仏陀扇多《ぶつだせんた》（ブッダシャーンタ）、西インド出身の真諦（パラマールタ）などが特に知られている。それらの二〇〇人近い訳経者たちによって、六〇〇〇から七〇〇〇巻もの仏典が漢訳された。その中で、中国、日本に最も影響が大きかったのは鳩摩羅什の訳であった。

音写語のいろいろ

中国では、日本のようにカタカナにあたるものがなく、外来語はすべて漢字で表記される。現代中国語では、ポピュラーミュージックが「流行楽」、ロックンロールが「揺滾楽《ようこん》」というように外来語は意訳されることが多い。「重金属楽」という訳語を見てびっくりした。なんと音楽のヘビーメタルのことだったのだ。

外国語の音を生かしたいときには音写もされる。ジャズが「爵士楽」（爵士がジャズの音写で、楽は音楽であることを示すために付けられている）、ブルースが「布魯斯」、コカコーラが「可口可楽」といった具合である。ただし、人名は意訳するわけにもいかず、もっぱら音写される。例えば、モーツァルトを「莫扎特」、ベートーベンを「貝多芬」、チャイコフスキーを「柴可夫斯基」という具合である。化粧品会社のマックス・ファクターが「密絲仏陀」で、「仏陀」の二文字には驚かされる。

　仏典の翻訳の際にも、中国に存在しない言葉や概念があると、意味が分からないから音だけを写して当て字で書いた。例えば、パンニャー・パーラミター（paññā-pāramitā）というパーリ語がある。これを「般若波羅蜜《はんにゃはらみつ》」とか「般若波羅蜜多《はんにゃはらみった》」と音だけ写した。この漢字だけを見ると、何かおどろおどろしい感じがする。そういう呪術的な効果も狙っていたかもしれない。意味は、パンニャーが「智慧」で、パーラミターが「完成」――単純に「智慧の完成」という意味でしかなかった。なお、パーラミターはpāram（向こう岸）とitāに分解され、itāが「行く」の過去受動分詞itaの女性形であるとして、「到彼岸」とも漢訳された。

　同じサンスクリット語が音写される場合も、いろいろなやり方がなされた。「尊敬されるべき人」、「供養を受けるに値する人」を意味するアルハット（arhat）は「応」、「応供《おうぐ》」と漢訳されたり、「羅漢《らかん》」、「阿羅漢《あらかん》」、「阿羅訶《あらか》」と音写されたりしている。「生死を繰り返しつつ種々の生存領域を循環すること」を意味するサンサーラ（saṃsāra）は、「生死《しょうじ》」、「輪廻《りんね》」、「輪転」、「世間《せけん》」、「生死流転《しょうじるてん》」、「生死輪転」、「無始生死」、「生死之苦」と種々の訳し方がなされている。それぞれに意味の断面を表現しようとしていることが分かる。

　音写された漢訳語で、本当にあった笑い話がある。英語で書かれた仏教関係の論文を読んでいて、comparative hill という語に出くわした。この単語の組み合わせがなんとも異様である。「比較すべき岡」とでも訳すのだろうか。でも、しっくりしない。無理がある。前後関係から解読して、なんとそれは男性出家者を意味する「比丘《びく》」を英訳したものだと分かった。比丘は、サンスクリットの「乞う」という意味の動詞の語根ビクシ（√bhikṣ）から造られた名詞ビクシュ（bhikṣu）、あるいはパーリ語のビック（bhikkhu）を音写したものであり、「比」と「丘」の漢字の意味にとらわれるべきではないのだ。

　こうした勘違いを恐れたか、あるいは音写に意味も含めることができるようにと考えたか、仏典の漢訳にあたっては新たな意味を表わすために中国で漢字が造られたりもしている。例えば、悪魔の「魔」という文字はサンスクリットのマーラ（māra）を音写するために造られた。音だけなら「麻」や「摩」という字で間に合い、当初は「摩羅」と音写されていた。ところが、そこに怖いものというイメージを伴わせるために「鬼」という字を下につけた。梁武帝（四六四〜五四九）が造らせたと言われるが、実際はそれ以前に用いられていた（中村元『仏教語大辞典』）。

　ライオンを意味する「獅子《しし》」の「獅」の字も仏典の漢訳の際に造られたものだ。ライオンはサンスクリット語でシンハ（siṃha）と言うが、これが「師」と音写され、「帽子」、「原子」、「金子《きんす》」などに用いられる接尾辞の「子」を付けて「師子」とされた。このままでは、動物であることが分かりにくく、後に獣偏《けものへん》を付けて「獅子」とされた。

出家者が身に着ける袈裟《けさ》の「袈」と「裟」という文字は、漢和辞典で調べると、その用例がいずれの場合も「袈裟」しか挙げられていない。これもサンスクリット語のカシャーヤ（kaṣāya）を音写するために中国で造られたものであろう。

ボーディが「菩提」と「道」に

ボーディ（bodhi）という語は、「目覚める」という意味の動詞の語根ブッドゥ（√budh）から造られた名詞で、「(真理に）目覚めること」を意味する。このような概念を漢字で表現するのに、当初は困難さがあったのであろう。そのまま音写して、「菩提《ぼだい》」と表記された。あえて意訳する際には、老荘思想の「道《どう》」をあてた。だから「成道《じょうどう》」というのは「覚りを成《じょう》ずる」ということであり、「道樹《どうじゅ》」は「釈尊が覚りを得たところに生えていた樹」、すなわち菩提樹のことである。「道場」は「覚りを得た場所」、すなわちブッダ・ガヤーの菩提樹の下ということになる。従って、菩提樹は「道場樹」とも書かれる。

同様にボーディ・サットヴァ（bodhi-sattva）が「菩提薩埵《ぼだいさった》」と音写され、さらに省略して「菩薩《ぼさつ》」となった。菩薩というと、大乗仏教独自のものと思っておられる方が多いかもしれない。しかし、それは逆で、小乗仏教によって生み出された言葉であった。釈尊が亡くなった後、仏に成る前の修行時代の釈尊のことが論じられることになり、釈尊は、はるかな過去のディーパンカラ仏（燃燈仏《ねんとうぶつ》）のもとで成仏の予言（授記《じゅき》）を受けたとされた。その後の釈尊について、「覚り（bodhi）を得ることが確定している人（sattva）」という意味で、菩提薩埵（bodhi-sattva）、略して菩薩という観念が生じた。それは、紀元前二世紀ごろのことだった。ところが、紀元前後に興起した大乗仏教は、その小乗仏教の用いていた菩薩（bodhi-sattva）という言葉を、「覚り（bodhi）を求める人（sattva）」と読み替え、覚りを求めるものはだれでも菩薩であると主張した。菩薩という語には、以上のような意味の変遷が含まれている。

このようにサンスクリットの音を写した語には、曼荼羅《まんだら》（maṇḍala）、陀羅尼《だらに》（dhāraṇī）、袈裟（kaṣāya）、舎利弗《しゃりほつ》（śāriputra）、摩睺羅伽《まごらか》（mahoraga）など多数ある。

翻訳しない五つの理由

玄奘は、『翻訳名義集』でインドの言葉を中国の言葉に翻訳しないで音写する理由を五つ挙げている（五種不翻《ごしゅふほん》）。第一に、「秘密の故に」を挙げている。これは、密教の呪句である真言《しんごん》・陀羅尼《だらに》のように秘密の奥義は別の言葉に翻訳するのが困難であるからということだ。

例えば、『般若心経《はんにゃしんぎょう》』の真言・陀羅尼を玄奘は、次のように漢訳している。

掲帝《ぎゃてい》・掲帝《ぎゃてい》・般羅《はら》掲帝《ぎゃてい》・般羅《はら》僧掲帝《そうぎゃてい》・菩提《ぼじ》・僧莎訶《そわか》

これは、

gate gate pāragate pārasaṃgate bodhi svāhā

を音写したもので、中村先生の訳によると次のような意味になる。

往き往きて、彼岸に到達せるさとりよ、幸《さち》あれ

玄奘は、あえて意味の分からないものにして呪術性を高めようとしていると言えよう。第二の「多義を含むが故に」は、一つの言葉が多くの意味を持つ場合、一つの意味を訳すと他の意味が抜けてしまうから翻訳しないということだ。第三の「ここに無《な》きが故に」は、中国には存在しない動植物や、固有名詞は訳しようがなく、音写するしかないということである。第四の「古《いにし》えに順ずるが故に」は、アヌッタラ・サミャク・サンボーディ（この上ない正しく完全な覚り）を音写した阿《あ》耨《のくた》多羅《ら》三藐《さんみやく》三菩《さんぼ》提《だい》のように、これまでの伝統に従い翻訳しないということだ。第五の「善を生ずるが故に」は、例えばパンニャーを「智慧」と訳さないで「般若《はんにゃ》」と音写したのは、有り難みが薄れるからということだ。第一と第五は、呪術的効果を意図したものと言えよう。

集団と個人

音写語の中で「僧」という語には、中国人の考え方の一端を垣間見る思いがする。これは、サンスクリット語のサンガ（saṃgha）を音写した「僧伽《そうぎゃ》」の省略形、あるいは末尾のａの落ちたsaṃghの音写語である。意味は、「人の集まり」を意味する。古代インドでは共和国や組合を意味していたが、仏教用語としては、仏道を修行する修行者の集まりであり、教団と

いった意味になろう。漢訳では「衆《しゅ》」とされた。

ところが中国においては、教団、あるいは人の集まりという意味よりも、その構成員である出家者を意味する言葉として用いられるようになった。インドでは、教団とその構成員は截然《せつぜん》と区別されていて、出家者個人を決してサンガと称することはなかった。中国人は、その違いが分かっていながら、集団を意味する言葉で個人を指すことも許されるのだと次のように論じている（『大宋僧史略』『大正新脩大蔵経』巻五四、二五一頁）。

僧という言い方は、四人以上の集まりを称するものだが、軍という言葉が大勢の人からなる場合も、個人の場合も両方に用いることができるように、僧という言葉も同じである。（要旨）

こうして、中国ではその違いを全く意に介することなく個人を指す言葉として「僧」が使用され続け、日本でも、その用法がそのまま受け容れられた。日本でも「兵隊」と言うと集団を意味するが、「兵隊さん」となると個人を意味する。ここに同じ現象を見ることができる。

中村先生は、こうした思考パターンを分析して、人間関係における秩序を重視するあまり、個人を集団に没入させる結果、個人とその属する人間結合組織とのあいだの区別が十分に自覚されなくなると主張されている（『シナ人の思惟方法』二三一頁）。

古訳・旧訳・新訳

安世高の訳では、まだ仏教用語の訳が確定しておらず、やや理解しづらいところがある。例えば、人間を肉体と精神の五つの集まりとしてとらえる五蘊《ごうん》（五陰《ごおん》）の「色《しき》・受《じゅ》・想《そう》・行《ぎょう》・識《しき》」は、「色・痛痒《つうよう》・思想・生死《しょうじ》・識」と訳されていて、受（感受作用）が限定的な感覚である「痛さ」と「痒《かゆ》さ」の並列語として訳されていたり、行（意志作用）が「生死」となっているのが理解に苦しむ。第一章で挙げた八正道《はっしょうどう》も八正《はっしょう》行《ぎょう》と訳され、その内容も正見が諦見《たいけん》、正思惟が諦念《たいねん》、正語が諦語《たいご》、正業が諦行《たいぎょう》、正命が諦受《たいじゅ》、正精進が諦治《たいじ》、正念が諦意《たいい》、正定が諦定《たいじょう》といった具合である。「正しく」を意味するサミャク（samyak）が「諦《あき》らかに」と訳されている。

このように二世紀以来、一〇〇〇年にわたって行なわれた漢訳であるだけに、漢訳語も紆《う》余曲折《よきょくせつ》を経ている。同じ語が、ある場合は音写され、ある場合は意訳されているが、人によって音写の仕方もまちまちで、意訳も時代とともに変化を遂げている。

その違いは、鳩摩羅什より前の古訳、鳩摩羅什から玄奘の前までの旧訳《くやく》、玄奘以後の新訳――と大きく三つに分けられている。その違いを主な用語について見てみると、男性出家者のことが、古訳と旧訳で「比丘《びく》」、新訳では「苾芻《びっしゅ》」となっている。これは、パーリ語のビック（bhikkhu）からの音写と、サンスクリットのビクシュ（bhikṣu）からの音写との違いであろう。

また、在家の男性信者のことが、古訳では「清信士《しょうしんじ》」(意訳)と「優婆塞《うばそく》」(音写)で、旧訳も「優婆塞」、新訳が「近事男《ごんじなん》」(意訳)となっている。これは、優婆塞がサンスクリットのウパーサカを音写したものであるのに対して、後者は、ウパーサカ(upāsaka)が「そば近くで事《つか》える」という意味の動詞ウパ・アース(upa-√ās)に男性の行為者名詞を造る接尾辞akaを付けたものであることを考慮した意訳である。その女性版は、古訳の「清信女《しょうしんにょ》」、「優《う》婆《ば》夷《い》」、旧訳も「優婆夷」、新訳が「近事女《ごんじにょ》」である。

よく知られた「衆生《しゅじょう》」は旧訳で「有情《うじょう》」は新訳、「五陰《ごおん》」は旧訳で「五蘊《ごうん》」は新訳だが、このように新旧を並べてみると、玄奘による新訳も用いられることはあるが、鳩摩羅什による旧約のほうが圧倒的に定着していると言えよう。

この古訳、旧訳、新訳のそれぞれがそろっている経典を挙げるとすれば、それは『維摩経』である。かつては七種類存在したようであるが、現在は次の三つの訳が現存している。

①『維摩詰経《ゆいまきつきょう》』二巻、呉《ご》・支謙訳(二二二～二二九年)
②『維摩詰所説経《ゆいまきつしょせつきょう》』三巻、姚秦《ようしん》・鳩摩羅什訳(四〇六年)
③『説無垢称経《せつむくしょうきょう》』六巻、唐・玄奘訳(六四九～六五〇年)

筆者の『梵漢和対照・現代語訳　維摩経』では、その注釈において主だった箇所のサンスクリット原文、チベット語訳、そして三つの漢訳をそれぞれ比較検討しているので、古訳、旧訳、新訳の違いを見ることができよう。

翻訳改変

また、漢訳する段階において改竄《かいざん》されたり、改変されたりすることもあった。それは、チベット語訳がサンスクリット語の単語と逐一対応させた訳であるのと全く異なっている。

例えば、サンスクリット語でマーター・ピタラウ（mātā-pitarau）という複合語がある。マーター（mātṛ の単数・主格）は英語のマザーのことで、ピタラウ（pitṛ の両数・主格）がパパのことである。サンスクリット語では「母と父」という順番になっている。ところが、漢訳段階で「父母」と順番が入れ換えられた。中国は儒教倫理の国、男尊女卑の国であるから、「女性を先に言うなんてとんでもない」というので入れ換えたのだろうと思われる。

それは、中国だけではなく、女性差別の著しかったギリシアにおいても見られることであった。アフガニスタンの古カンダハルの山の斜面で、一九五八年に発見されたアショーカ王の岩石法勅《ほうちょく》にも同様の翻訳の改変が見られる。それは、ギリシア語とアラム語が併記されたもので、その中に「母と父と長老に対する従順」の実行を促している箇所がある。インドの碑文では「母と父への従順」（mata-pituṣu suśruṣa）となっているが、ギリシア語の碑文は「父と母に対する従順」（enēkooi patri kai mētri kai tōn presbyterōn）と訳されている。これは、ギリシア人の家父長制の強固さを反映したものと言えよう。ちなみに、アケメネス朝の公用語であったアラム語の碑文のほうは「母と父……」と訳されている（前田耕作著『バクトリア王国の興亡』一九八、一九九頁)。

「父と母の順番ぐらい、どっちでもいいのではないか」という方もいらっしゃるかもしれないが、次の例は致命的である。パーリ語で書かれた仏典には、シンガーラという在家の男性に、六種類の人間関係の在り方について教えたところがある。その中で、夫の妻に対する在り方として「夫は妻に五つのことで奉仕しなければならない」とある。「五つのこと」として、まず「尊敬しなければならない」とあり、次に「女性の自立(主権)を認めよ」とある。

インドには、紀元前二世紀ごろから成文化され始めた『マヌ法典』があって、そこに「三従」が説かれている。女性は、①子どものときは親に従え、②結婚したら夫に従え、③年老いたら息子に従え——というものだ。儒教の中国だけではなく、バラモン教のインドでも全く同じことが『マヌ法典』に説かれていた。その中に女性は自立するには値しないとか、家事のことですら自立するに値しないということも書かれている。それから比べると、この五つの奉仕の中に「女性の自立を認めよ」とあるのは、画期的な男女平等思想の表明ではないかと思う。

そして、「宝飾品を買い与えよ」ということも出てくる。インドで宝飾品は、装飾のためというよりも財産という意味が強い。世界で初めて女性の自立と財産権を認めたのは、釈尊だったのではないかと思う。筆者の博士論文『仏教のなかの男女観』ではそういうことも論じた。

ところが、その教えが漢訳される段階でどうなったかというと、奉仕するのは一方的に妻の側に限定されて、「婦《つま》が夫に事《つか》うるに五事あり」（『大正新脩大蔵経』巻一、二五一頁中）とされてしまった。中国では、そういう翻訳の改変があったのである。

また、インド人は平気で同じことを繰り返すが、中国人は簡略を好み繰り返しの部分はばっさりと割愛するということもしばしばであった。

筆者がこれまでに出会った繰り返しで目立ったものは、『法華経』化城喩品《けじょうゆぼん》第七に出てくる。大通智勝仏《だいつうちしょうぶつ》がまさに覚りを得ようとしたとき、無数の世界が六種に震動し、大光明で満たされ、東の方角のブラフマー神（梵天）たちが「ブッダが出現される前兆ではないか」と喜び、西のほうへ飛んでいって大通智勝仏を讃嘆し、説法を要請する。これが、東南、南、西南のそれぞれの方角でそっくり同じ内容で繰り返される。さすがにインド人もしつこいと感じたのか、西、西北、北、北東、下方については「以下同文」としているが、最後の上方については、再度同じ内容を詳述している。すなわち、十方（十の方向）のうち五回も同じ話が繰り返されているのである。

漢訳の独り歩き

中国では、仏典をサンスクリット語やパーリ語から漢訳した後、それらの原本を顧みることがなかったのか、原本が散逸してしまっている。わずかな原本が残るのみで、ほとんど現存しない。漢訳した後は、サンスクリット原典よりも漢字になった訳文のほうに重心を置いてしまい、漢訳の独り歩きが始まったのである。

中村先生は、シッダーンタ（siddhānta）の漢訳について注目されていた。これはシッダ（siddha）とアンタ（anta）の複合語である。シッダは、「達成された」、アンタは「究極」である。だから「達成された究極」という意味で、転じて「確立された結論」だとか「立証された真理」という意味になる。それが中国において、日本語の片仮名のような感覚で「悉《しっ》檀《だん》」と音だけを写された。「悉」も「檀」も〝発音記号〟なのである。それにもかかわらず、後世になると「悉」と「檀」という漢字自体の持つ意味に戻って意味づけがなされた。漢字としての「悉」というのは「ことごとく」であり、「檀」というのは、仏教においてはサンスクリット語のダーナ（dāna）を音写した言葉として用いられている。

ダーナというのは、英語で言えばドネーション（donation、寄贈、贈与）、あるいは臓器提供者の意味で近年用いられているドナー（donor）という言葉とルーツは同じである。サンスクリット語と英語は、インド＝ヨーロッパ語族で、ルーツは同じである。ダーナは「布施」と漢訳されたが、音を写して「檀那」と書かれる。音写としては、「旦那」というのもある。あるいは、中央アジアで単語の末尾のaの音が落ちることを考慮するとダーナがダーンとなって「檀」の一字で訳されたとも言える。

「悉檀」の「檀」はもともと発音記号にしかすぎなかったのに、後世の人が「お布施」、「施すこと」と解釈し直して、「悉檀」を「あまねく衆生に施すこと」と解釈するようになった。もともとは「確立された結論」であったものが、「あまねく衆生に施すこと」にすり替わってしまった。これは、サンスクリットの原本を顧みることがなかったことによって起こった。

このダーナに「主」を意味するパティ（pati）を付けたダーナ・パティ（dāna-pati）が、「布施をする人」、「施主」ということで「檀越《だんのつ》」と音写されたが、この語はあまり普及することはなかったようで、日本ではパティにあたる部分を省略して「檀那」、あるいは「旦那」と言われるようになった。「檀那」がお寺に対して布施する人のことで、「旦那」が夫のこととして用いられている。「檀那」はお寺にお金を差し出す。「旦那」は給料をもらってきて、奥さんに差し出す。お金を差し出すという意味で共通している。そのルーツはダーナである。

蓮華の中国的意義付け

このほかにも、「蓮華」という例がある。パドマ（padma＝紅蓮華《ぐれんげ》）や、ウトパラ（utpala＝青睡蓮《しょうすいれん》）、クムダ（kumuda＝白睡蓮《びゃく》）、プンダリーカ（puṇḍarīka＝白蓮華）などが、「蓮華」と訳された。いったん「蓮華」と漢訳されると、今度は「蓮」と「華」の二つに分けて、「蓮」というのは蓮の実のこと、「華」というのは蓮の花のことだとされた。花が咲いて実がなることから、「華」が「因」で、「蓮」が「果」とされた。それを、衆生から仏になるという関係に当てはめて、衆生が「因」で、仏が「結果」であるとされた。その上で、蓮華の花と実が同時になるということに注目した。しかし、それは蓮の花に限ったことではない。生物学的に言えば、すべての植物は花と実が同時になっている。花が咲いたときに雌しべの中に子房《しぼう》ができているからだ。しかし、蓮の花というのは、漏斗《ろうと》状の円錐形の実（花托）が目立つものだから、花と実が同時になるということが強調されたのであろう。それで、「華と実」が同時、「因と果」が同時、「衆生と仏」が同時・一体であるとされた。衆生から仏になるのではなくて、衆生の段階で仏の性質をすでに具《そな》えているという意味が強調された。

そこで主張されている内容は、平等を説いたものとして大変に素晴らしいものだと思う。けれども、その論理展開の仕方は、インド仏教にとっては思いもよらないものであった。因果論としての展開は、「蓮華」と漢訳されたことに伴う、漢訳の独り歩きの結果だったと言える。

インドでは、プンダリーカやパドマなどから「因果同時」、あるいは「因果倶時《ぐじ》」といったことが強調されたことはないようである。インドで強調されたのは、「如蓮華在水《にょれんげざいすい》」、「蓮華不染《れんげふぜん》」ということだった。蓮華というのは、汚い泥から出てくる。その汚泥に染まることなく清らかな花を咲かせる。あるいは、蓮の葉というのは撥水《はっすい》性があって、水をはじく。決して水に染まることはない。そういう性質をインド人は愛《め》でたのである。日本でも『万葉集』に蓮を詠《うた》った歌が四首ある。その一つに、

ひさかたの雨も降らぬか蓮葉《はちすば》に溜《た》まれる水の玉に似たる見む（巻一六・三八三七）

がある。意味は、「雨が降ってこないかなあ。蓮の葉にたまった水が玉のようになっているところを見たいものだ」である。これは蓮の葉の表面に生えた〇・〇一ミリの毛の撥水作用のことを詠ったもので、これは、インドの「蓮華不染」と同じである。しかし、万葉の和歌は葉の上で光を反射しながら転がる水玉の美しさと、不思議さを素朴に詠ったもので、仏教とは関係がない。

もう一つ例を挙げよう。天才的な漢訳者として知られるクマーラジーヴァ（kumārajīva、三五〇〜四〇九）という人の名前である。この人は、西域出身で、『法華経』『涅槃経』『般若経』『維摩経』など、多数の経典を漢訳した。このクマーラジーヴァが「鳩摩羅什《くまらじゅう》」と音写された。このように漢訳されると、今度は苗字と名前は真ん中で区切れるだろうと思ってしまったのであろうか。「鳩摩」と「羅什」に区切られてしまった。本当は、クマーラとジーヴァの複合語であるから、あえて区切れば「鳩摩羅」と「什」に分けるべきだ。ところがそれを真っ二つに切って「羅什三蔵」と言われるようになった。これも、漢訳した後、サンスクリット語などの原本を顧みなかったことで、本来の意味が分からなくなったことの例である。

注解的性質

中国仏教というのは、大まかに見て、注解的な性質が強いようだ。今まで挙げたように、経典の句や熟語などの文字に注目して、一文字一文字に意味付けをして解釈するということがしばしばなされている。経典に展開されているストーリー全体よりも、部分の文字のほうに注目していたと言えよう。それは、「悉檀」とか、「蓮華」といった言葉によって見てきた通りである。

例えば、天台大師智顗《ちぎ》（五三八〜五九七）の著わした『法華文句《ほっけもんぐ》』は、『法華経』の文と句を取り出して、それぞれについて字義的解釈を行なっているもので、注解的方法が適用されている。宝塔品《ほうとうぼん》に次のような一節がある。

四面皆出。多摩羅跋栴檀之香（四面に皆、多摩羅跋《たまらばつ》・栴檀《せんだん》の香《か》を出《いだ》して……）。

これは、大地より出現して空中に浮かんでいる七宝で飾られた巨大なストゥーパ（塔）について述べた箇所である。これは、単純に次のようなことを言っているにすぎない。

〔宝塔は〕四つの方面のすべてにタマーラ樹の葉の香りと、栴檀の香りとを放出して……。

ところが、『法華文句』では、ストーリーの内容に即するというよりも、そこに用いられている「四面」、「出」、「香」という文字を取り出し、これについて次のような意義付けを行なっている。

四面出香《しめんすいこう》とは四諦《したい》の道風、四徳《しとく》の香《か》を吹くなり。

ここでは、「四面」の「四」という数字に着目して、苦を滅するための四つの真理である苦諦《くたい》・集諦《じったい》・滅諦《めったい》・道諦《どうたい》の「四諦」と、覚りに伴う四つの徳である常《じょう》・楽《らく》・我《が》・浄《じょう》の「四徳」に当てはめている。さらに前者を「風」に譬え、後者をその風によって吹かれる「香」としている。

それによって、「その宝塔が四つのすべての方向にタマーラ樹の葉の香りと、栴檀の香りとを放出している」という場面に、「苦を滅するための四諦という覚りへの風が、常・楽・我・浄という覚りに伴う四徳の芳ばしい香りを吹き渡らせている」という意味・内容を読み込もうとしたのである。

このような注解的な態度は、第三章で述べるように日本でも同じであった。

漢訳の仕方の是非をめぐる論議

筆者は、『法華経』と『維摩経』をサンスクリット原典から現代語訳し、それぞれ『梵漢和対照・現代語訳　法華経』上・下巻、『梵漢和対照・現代語訳　維摩経』として出版した。執筆の過程で、インドの仏典が、どのように漢訳されたのかをつぶさに見ることができた。その注釈で、漢訳の仕方について種々の議論と、その是非についても詳細に検討した。その一端をここに紹介しよう。

特に鳩摩羅什の漢訳は流麗達意の名文で、評判が高い。幸い『法華経』には、竺法護《じくほうご》が二八六年に漢訳した『正法華経《しょうほけきょう》』と、その一二〇年後の四〇六年に鳩摩羅什が漢訳した『妙法《みょうほう》蓮華経《れんげきょう》』とが残っている。以下、この『法華経』の二つの訳を例として、その両者を比較して翻訳の変化をたどり、両者の違いについての研究者たちの論評も検討してみよう。その検討自体が、漢訳の実態をクローズアップすることにもなるからである。

まず、『法華経』の題名の訳し方を見てみよう。この経の名前は、サンスクリット語でサッダルマ・プンダリーカ・スートラ（saddharma-puṇḍarīka-sūtra）といった。サッダルマ（saddharma）は、サット（正しい）とダルマ（教え、法）の複合語で、「正しい教え」（正法）であり、プンダリーカ（puṇḍarīka）は「白蓮華《びゃくれんげ》」、スートラ（sūtra）は「経」を意味している。

この複合語を、月氏《げっし》帰化人の末裔《まつえい》で敦煌《とんこう》生まれの竺法護は、語順どおりに「正法華経」と漢訳した。一方、西域のクチャ（亀茲《きじ》）に生まれ、九歳にして仏教学、サンスクリット文法学などの学問の中心地、カシミールに学んだ鳩摩羅什は「妙法蓮華経」と漢訳した。これらの漢訳では、「妙」と「正」との是非が論じられてきた。

日本での現代語訳は、岩本裕《いわもとゆたか》氏（一九一〇～八八）が岩波文庫の『法華経』において「正しい教えの白蓮」と訳されたことで、この訳が世の中に定着してしまったようだ。中央公論社版の大乗仏典『法華経』もこの訳を採用している。ところが、これはサンスクリット文法に照らしても、英・独・仏文法に照らしても、国文法に照らしても誤りであろう。

サンスクリット文法を体系化したカシミール出身のパーニニ（紀元前五～前四世紀）の文法書『アシュターディヤーイー』（*Aṣṭādhyāyī*）、およびその注釈書『カーシカー・ヴリッティ』（*Kāśikā-vṛtti*）によると、「プンダリーカ（白蓮華）は複合語の後半にきて、前半の語を譬喩的に修飾する」となる。インドで、蓮華はめでたい華であり、その中でも白蓮華は最も勝れた華とされて、その意味を象徴的にこめた譬喩の同格限定複合語（karma-dhāraya-samāsa、持業釈《じごっしゃく》）を造るのに用いられるというのである。

　このように複合語の後半部にきて譬喩の同格限定複合語を造る名詞には、白蓮華のほかトラ（vyāghra）、ライオン（siṃha）、牡牛《おうし》（vṛṣa）、象（hastin）など一六個が挙げられている。『カーシカー・ヴリッティ』では、プルシャ（puruṣa、人間）とヴィヤーグラ（vyāghra、トラ）の複合語プルシャ・ヴィヤーグラを例として説明しているが、両者に共通するものとして「勇敢さ」を指摘し、その意味を汲み取って「トラのように勇敢な人」という意味になると論じている。

　従って、サッダルマ・プンダリーカは、「白蓮華のような正しい教え」と直訳されるが、同格の「白蓮華」と「正しい教え」に共通するものは「最も勝れた」であり、その共通性を反映して「白蓮華のように最も勝れた正しい教え」と訳すべきなのである。

　岩本氏は、プンダリーカの譬喩の同格限定複合語の用法として前記のパーニニの文法に言及されているにもかかわらず、欧米人の訳に倣って「正しい教えの白蓮」と訳したと、岩波文庫の解題で主張されている。その欧米人の訳は次の通りである。

　（仏訳）Lotus de la Bonne Loi

（英訳）Lotus of the True Law
（独訳）Lotus des guten Gesetzes

ここで、英語のof、ドイツ語の二格が用いられていることで、「正しい教え（True Law/Gesetzes）の白蓮（Lotus）」と訳されたのであろう。ところが、英語で「A of B」は、「BのA」という格限定の用法だけでなく、「AのようなB」を意味する同格のofもある。例えば、a rose of a girlは、「少女の〔所有する〕バラ」ではなくて、「バラのような〔美しい〕少女」を意味する。これらの欧米語訳は、すべて同格のof（de）、同格の二格が用いられている。従って、どう見ても格限定用法としか思えない「の」を用いた「正しい教えの白蓮」という訳は、納得できない。

しかも、英語で書かれたサンスクリット文法書（Michael Coulson, *Sanskrit—a complete course for beginners*）には、パーダ（pāda、足）とパドマ（padma、紅蓮華）の複合語パーダ・パドマ（pāda-padma）を例に挙げて、これは、ofを用いて、the lotus of (your) footと英訳されるが、意味はa lotus-like foot（蓮華のような足）であると明記されているのである。欧米人たちは、パーニニの規定した文法をきちんと理解して前記の訳し方をしていた。それなのに岩本氏は、欧米語を誤解して自説を展開されていたのである。「正しい教えの白蓮」と訳すのに、欧米人の訳を理由にするということは、欧米人に不名誉をこうむらせているようでならない。インドの言葉について、インド人が文法書で明確に規定しているのだから、何も欧米人の訳を根拠にする必要はないのではないか。

また、岩本氏は、「正しい教えの白蓮」の「の」は、同格の「の」だと岩波文庫『法華経』の解題に記されているが、例えば「花の都」であれば、同格の「の」で「花のような都」を意味することができよう。ところが、「正しい教えの白蓮」の場合は、「都の花」というケースに相当する。「都の花」は、東京都の花のことであり、具体的には、日本の「国の花」がサクラであるように、ソメイヨシノを意味するのである。従って、これは同格の「の」とは言えない。

「妙」と「正」の是非

また中央公論社版の『法華経』は、鳩摩羅什の『妙法蓮華経』の語順にならって「正しい教えの白蓮」としたと述べている。確かに、鳩摩羅什の訳は語順に忠実に訳されてはいるが、「正」としないで「妙」としていることに注意しなければならない。

この「妙」と「正」の是非について、これまでインドの文法家の見解や、翻訳にかかわった人たちの意向を無視して、漢字の意味だけから議論するという本末転倒が見られた。

金倉圓照《かなくらえんしょう》博士の議論もその一つと言えよう。金倉博士は、『インド哲学仏教学研究I　仏教学篇』(三六九～三七三頁)において竺法護訳『正法華経』の「正」と、鳩摩羅什訳『妙法蓮華経』の「妙」との翻訳の違いについて比較検討されているが、その意図を次のように述べておられる。

今は法護の正を羅什が妙と改めた点に力点をおいて、その意味を考えて見たのである。

金倉博士は、鳩摩羅什が「妙」と訳したことについて、竺法護訳の「正」を改めたものだと言っておられる。ここからは、同格限定複合語（持業釈）によるサッダルマとプンダリーカの譬喩的関係についての認識を金倉博士が持たれていた形跡は感じられない。従って、サット（sat）を「正」とするか「妙」とするかという議論に終わっているように思われる。

金倉博士は、「〔竺〕法護の正を〔鳩摩〕羅什が妙と改めた」、「妙法の妙は正を改訳したと考えねばならない」と述べて、「妙」の字義について、『康熙《こうき》字《じ》典《てん》』の「音廟《おんみょう》神妙也」や、『易《えき》繋辞《けいじ》』の「神也者、妙万物而為言者也」、『老子《ろうし》道徳経』の「衆妙門」、『荘子《そうじ》』寓言《ぐうげん》篇の「自吾聞子之言、九年而太妙」などの例文を挙げて、次のように結論されている。

> 要するに〔中略〕妙は人力ではかり知れない神秘なる力の意味をあらわし、特に老荘の思想と強いかかわり合いをもっている語とせられている。

中国の言葉で表現するのであるから、中国の思想的色合いが付着しているのは当然のことであろう。既成の言葉を使って翻訳せざるを得ないのだから、それは当たり前のことである。それなのに、「妙」が老荘思想に強いかかわりを持っていたからということで、妙法蓮華の「妙」の意味を老荘思想の延長線上に読み取るのは本末転倒であろう。それは、日本の国技である相撲が「スモー・レスリング」と訳されているのを見て、相撲のことを調べるのに、日本の文献には目もくれず、西洋のレスリングに関する本だけを読みあさるようなものだ。これでは、いくら調べても相撲の実態は見えてこない。

金倉氏の論理展開は、鳩摩羅什の意図や、サンスクリット文法の教えるところとはかけ離れてしまって、「妙」という文字についての中国思想と中国文化の範囲内での議論に終わってしまったきらいがある。

ただ、「妙」という文字を見て、中国人たちが老荘的な観念の延長線上に受け止めるということがあったであろうことは否定できない。けれども、それは読み手側の問題であって、翻訳者側の問題ではない。

それにもかかわらず、金倉博士は、鳩摩羅什訳の「妙」を「正しい」という意味のサットの訳だと思い込んで、次のように断言されている。

> 法護訳の正の方が原意を忠実に伝えているというべきである。漢字の正と妙とが本来語義を異にしている以上、両語をそのまま同義と解するのは無理であろう。従って、羅什の妙は原意を逸脱していると云わざるをえない。

これは、サット（正しい）とダルマ（教え）の複合語サッダルマに限った場合の訳について論じたものであれば正しいが、サッダルマと、譬喩の同格限定複合語を造るプンダリーカとの複合語についての議論としては誤りである。サンスクリット文法を考慮せず、漢字のみにとらわれて比較したことによる誤りだと言ってもいいであろう。その出発点での誤りは、連鎖的に、「『妙』の語が老荘の思想と深い結びつきをもつから、シナの道家に固有の観念と仏教のそれを連結しようとの意識が働いたためではないか」という憶測にまで発展する。

「妙」とは「最も勝れた」

鳩摩羅什がいかなる意味を込めて「妙」と訳したのか、それは中国の古典にではなく鳩摩羅什の訳し方に尋ねるべきである。鳩摩羅什は、文字通り「最も勝れた」を意味する形容詞ヴァラ（vara）を「妙」と訳している。例えば、『法華経』序品《じょぼん》にマンジュシリー（文殊師利《もんじゅしり》）菩薩の過去世における名前が出てくるが、それは**ヴァラ**・プラバ（**vara**-prabha、**最も勝れた**輝きを持つもの）であり、これを鳩摩羅什は「**妙**光」と訳している。このほか、同じく序品のプラ・**ヴァラ**・アグラ・ダルマ（pra-**vara**-agra-dharma、**最も勝れた**最上の法）を「**上**《じょう》**妙**《みょう》法」、方便品の**ヴァラ**・ドゥンドゥビ・スヴァラ（**vara**-dundubhi-svara、**最も勝れた**太鼓の音を持つ者）を「微**妙**音《みみょうおん》」、譬喩品《ひゆぼん》の**ヴァラ**・トゥーリカー・サンストゥリタ（**vara**-tūlikā-saṃstṛta、**最も勝れた**褥《しとね》の敷かれた）を「**上妙**細氈《じょうみょうさいせん》」と訳しているのである。ここに「妙」という文字が並んでいるが、そのどこに老荘思想の色合いが感じられるであろうか。

荻原雲来《おぎわらうんらい》編『梵和大辞典』にも「vara」の漢訳として、「妙」「上妙」「最妙」「第一」「最上」を挙げている。だから、鳩摩羅什は「最も勝れた」という意味を込めて「妙」と訳したことが断定できよう。仏典の翻訳の仕方を論ずるのに、老荘思想の書物を引用することは一つの参考にはなるとしても、決定的な根拠とはならないのである。

鳩摩羅什の弟子の後序

亀茲《きじ》国に生まれた鳩摩羅什は、七歳で出家し、九歳で当時の全インドで最も仏教研究の進んでいた学問の中心地カシミールへと赴いた。カシミールは、仏教教理の組織・体系化に取り組む説一切有部《せついっさいうぶ》が全盛を極めていて、彼らが用いていた言葉がサンスクリット語であった。鳩摩羅什はその後、カシュガルにおいてサンスクリット語の『転法輪経《てんぽうりんきょう》』をカシュガルの王の開いた大法会《だいほうえ》で講じている。それは一二歳の時のことであった。カシュガルではさらに、バラモン教の聖典である四ヴェーダをはじめ、声明《しょうみょう》(śabda-vidyā、言語の学問)、すなわちサンスクリット文法学や、因明《いんみょう》(hetu-vidyā、論理学)などの五つの学問(pañca-vidyā-sthāna、五《ご》明《みょう》)をも学んだと『高僧伝』(五一九年)巻二の鳩摩羅什伝は記している。日本で「声明」というと、仏典に節をつけて朗唱する宗教音楽とされているが、甚だしい誤解である。

幼少からそのような学問的環境にあって、サンスクリット文法に通暁していた鳩摩羅什が「妙」と訳したその意図を、金倉博士はサンスクリット文法に対する無認識のゆえに読み取れず、老荘思想から意義付けするしかなかったのではないだろうか。

この金倉博士の説を踏まえられたのであろうか、菅野博史著『法華経入門』(岩波新書、八三頁)に次のような記述が見られる。

鳩摩羅什は当時流行の『老子』の思想において「道」の形容語として重視された「妙」の文字を採用して「妙法」と訳したのであろうという説がある。「妙」によって、我々の感覚・知覚で捉えることのできない不可思議なものという意味が込められ、「正法」(竺法護による)と訳すよりも、かえって中国の人々には魅力あるものとして受け取られるようになったと思われる。

これも、サンスクリット文法について全く考慮されておらず、翻訳者自身、すなわち鳩摩羅什の意図したこととは全く別のことを評したものでしかない。

それよりも、老荘的色彩の付着した言葉を使わざるを得ないという制約がありつつも、その訳語にどういう意義を込めて鳩摩羅什が「妙」と翻訳したのかということこそが大切だろう。それを知るためには、鳩摩羅什による翻訳に直接、間接に携わった人の言葉にこそ耳を傾けるべきであろう。

鳩摩羅什が、プンダリーカについて譬喩の同格限定複合語を形成する語であり、「最も勝れた」という譬喩的意味を持つものだと正しく理解していたことは、鳩摩羅什の弟子の僧叡《そうえい》(生没年不詳)が書いた『法華経後序』(『出三蔵記集』巻八所収)からもうかがうことができる。

法華経は諸仏の秘蔵、衆経《しゅきょう》の実体なり。華を以《もっ》て名となすは、その本を照らすなり。分《プン》陀利《ダリーカ》と称するは、その盛んなるを美《ほ》むるなり〔中略〕諸華の中、蓮華最勝なり。華あって未だ敷《ひら》かざるを屈摩羅《クマラ》と名づけ、敷きてまさに落ちんとするを迦摩羅《カマラ》と名づけ、処中の盛んなる時を分陀利と名づく〔中略〕栄曜《えいよう》独り足るは以《もっ》て斯《こ》の典を喩《たと》う。

この中で、「分陀利《プンダリーカ》」（白蓮華）を、蓮の華の開花前から、しぼんでいくまでの間における全盛期の時点の名前としているのは、明らかに誤っている。そのことを差し置くとしても、ここには、あらゆる華の中で白蓮華が最も勝れたものであり、ただ白蓮華だけが栄誉と輝かしさを満足するものであることをもって、「斯の典」（法華経）に譬えているといった趣旨が述べられている。この解釈自体が、譬喩の同格限定複合語（持業釈）に相当している。そういった「最も勝れ」ていて、「栄誉と輝かしさを満足する」という意味が「妙法蓮華経」という経題に込められていると言うのである。

さらに、鳩摩羅什に教えを受けた慧観《えかん》（生没年不詳）の著わした『法華宗要序』からも、それは明らかだ。慧観は、「妙」の意味について、「故に其《そ》の乗《じょう》は唯一にして、唯一無上なり。故に之《これ》を請して妙法とす」として、譬喩品第三の偈頌《げじゅ》（詩句）から、「是《こ》の乗は微妙《みみょう》にして、清浄《しょうじょう》第一なり。諸の世間に於《お》いて為《さだ》めて上有《うえあ》ること無し」を引用している。その上で、「夫《そ》れ妙は明らかにす可《べ》からず、必ず之を擬するに像有り。像の美なるは蓮華を上となす。蓮華の秀は分陀利《プンダリーカ》を最となす〔中略〕故に之を分陀利に喩《たと》え、其の経と為《な》す也《なり》」と言っている。

これは、次のように意訳できよう。

そもそも、妙ということは〔言葉によって〕明らかにすることができないものである。この妙という言葉の持つ意味を類似のものによって示すには形が必要である。形の美しいものでは蓮華を最上とする。蓮華の秀逸さは、プンダリーカ（白蓮華）を最たるものとしている〔中略〕だから、これ（妙ということ）をプンダリーカに譬え、その経（妙法蓮華経）の名前としたのである。

すなわち、「唯一無上」「微妙」「清浄第一」「無有上」「秀」といった意味を「妙」という文字に込めて、「分陀利」（puṇḍarika）によって譬えていると述べているのである。これは、まさに譬喩の同格限定複合語（持業釈）の特質そのものである。

鳩摩羅什は、単純にサッダルマ・プンダリーカ・スートラの語順に忠実に訳していただけではなく、「白蓮華」に込められた「最も勝れた」という譬喩的意味を十分に汲み取って「妙法蓮華経」と〝絶妙〟の訳をしていたのである。従って、中央公論社版のように鳩摩羅什訳の語順を口実に「正しい教えの白蓮」と訳すことは、鳩摩羅什に不名誉をこうむらせることなのである。蓮華の象徴的な意味を生かして「白蓮華のように最も勝れた正しい教え」と訳すべきである。

象徴的な意味は、文化が異なれば理解も異なる。例えば、日本で「女狐《めぎつね》」と言われて喜ぶ女性はいないだろう。ヨーロッパでも、『イソップ物語』などでは狐は狡《ずる》さ、狡猾《こうかつ》さを象徴していた。ところが、近年のアメリカでは女性がフォクシー（foxy）と言われることを喜ぶという話を読んだことがある。フォックス（fox、狐）から作られた形容詞フォクシーに「セクシーで美しい」という意味を読み取るのだそうだ。このように、異文化間では象徴的な意味はなかなか理解しにくい面がある。白蓮華が「最も勝れたもの」を象徴していることは、ほとんどの日本人は知らないことであろう。パーニニの規定があるからだけでなく、そういう意味からも、筆者は「白蓮華のように」と「正しい教え」の間に「最も勝れた」という象徴的意味の内容を挿入した。

『法華経』の何をもって最勝とするのか。それは、あらゆる衆生が平等に成仏できるとする「一仏乗《いちぶつじょう》の思想」と、釈尊は実は天文学的な遥かな昔においてすでに成道していたとする「久遠実成《くおんじつじょう》の思想」、その「久遠実成の思想に裏付けされた永遠の菩薩道」をもって、と言うことができよう。その詳細については、拙訳『法華経』下巻の解説を参照していただきたい。

以上で、譬喩の同格限定複合語としてなされた鳩摩羅什訳の正当性が理解されたと思う。

「如蓮華在水」は白蓮華のことではない

ここでさらに、「正しい教えの白蓮」と訳された理由の一つについて検討してみよう。「正しい教えの白蓮」という訳と、「白蓮華のように最も勝れた正しい教え」という訳では、意味の重心が前者は「白蓮」にあり、後者は「正しい教え」にあって、全く異なっている。例えば、類人猿（類人の猿＝人のような猿）と、類猿人（類猿の人＝猿のような人）という表現の違いと同じで、猿や人に似ていようが所詮《しょせん》は最後にある語によって「猿」か「人」かという違いが生ずるように、大きな違いがある。日本語では、最後にきた語に重心があるのだ。「正しい教えの白蓮」と訳すのであるならば、「正しい教え」よりも「白蓮」という言葉のほうに重心があることになり、この『法華経』が主張する「白蓮」とは何かが問題となってくる。それは古来、「如蓮華在水《にょれんげざいすい》」（蓮華の水に在るが如し）という言葉で示される菩薩の在り方であるかのように考えられてきたようだ。

一方、「白蓮のような正しい教え」という意味に解釈するならば、「白蓮のような」という言葉で何を譬喩しているかということが問われるが、それは、すでに述べてきた通りである。

まず、鳩摩羅什によって「不染世間法《ふぜんせけんほう》。如蓮華在水」（世間の法に染まざること、蓮華の水に在るが如し）と訳された箇所について検討してみよう。これに対応する箇所は、サンスクリット原典では、次のようになっている。

大地を裂いて、今、ここにやって来たところの〔菩薩たち〕は、紅蓮華《ぐれんげ》が〔泥〕水によって〔汚されることがない〕ように、汚されることはありません。（植木訳『法華経』下巻、二〇九頁）

これを見ても分かる通り、「如蓮華在水」と言い習わされてきた蓮華とは、プンダリーカ（白蓮華）ではなく、パドマ（paduma≒padma、紅蓮華）であった。これにより、「如蓮華在水」という意義から『サッダルマ・プンダリーカ・スートラ』（*saddharma-puṇḍarīka-sūtra*）

と命名されたのではないことは明らかである。

「世間の王（仏陀）の息子たち」（lokādhipatisya putrāḥ）、すなわち『法華経』において釈尊に代わる主役とも言うべき菩薩で、釈尊滅後に『法華経』を説き広める主体者とされる地涌《じゆ》の菩薩《ぼさつ》たちの行状として「如蓮華在水」を提示する文章にしては、「紅蓮華が〔泥〕水によって汚されないように」（anūpaliptāḥ padumaṃ va vāriṇā）という一節は、消極的すぎるのではないか。もちろん、『法華経』編纂者たちが、すでに原始仏典でも重んじられていた「世間に生まれ、世間の中で暮らし、世間にうち克ち、世間に汚されないでいる」といった在り方を軽んじているはずがない。こうした観念は、暗黙の了解事項として仏教徒たちに共有されていたであろう。鳩摩羅什は、こうした意味を汲み取って、「世間の法に染まざること」という一節を付加して訳している。蓮華が、白蓮華ではなかったことは目をつむったとしても、サンスクリット原典では、単に「大地を裂いて現われ来《きた》った」ことと、「念《おも》いを正し、うやうやしく合掌して立っている」ことを修飾する副詞節にすぎないのであり、この経典のタイトルの「蓮華」が、「如蓮華在水」の「蓮華」だと主張するには、あまりにも軽い表現である。

「如蓮華在水」の蓮華が、白蓮華ではなく紅蓮華であったとすると、『法華経』では、経典の名前以外には、プンダリーカという語は出てこないのであろうか。実は、法師《ほっし》功徳品《くどくぼん》第十九に一箇所だけ出てくる。それは、『法華経』を受持《じゅじ》・読誦《どくじゅ》・解説《げせつ》・書写《しょしゃ》する菩薩大士の得る六根清浄《ろっこんしょうじょう》、すなわち六つの感覚器官の浄化のうちの鼻根《びこん》（鼻の感覚器官）の清浄を論じた次の場面においてである。

この法門を受持し、説き示し、読誦し、書写しているこの偉大な人である菩薩の鼻の感覚器官（鼻根）は、八百の徳質を具えていて、完全に清められているのである。

その人は、〔中略〕多種多様の匂い、例えば、〔中略〕〔水の中から生ずる〕蓮の花の多種多様な香りをもまた、その人は嗅ぎ分けるのである。例えば、青スイレンや、紅蓮華、白スイレン、白蓮華の香りを、その人は嗅ぎ分けるのである。（植木訳『法華経』上巻、三二一頁）

蓮華と総称されるものの各種（青スイレン、紅蓮華、白スイレン、白蓮華）を順番に挙げているだけであり、経典名との関連は全くないと言える。この箇所に対応する偈《げ》（詩句）にも、プンダリーカは出てこない。従って、『法華経』本文では、「正しい教えの白蓮」と訳されるべき「白蓮」なるものには全く触れていないことが結論されよう。

つまり、「正しい教えの白蓮」と訳すべきではないのである。

岩本裕氏は、岩波文庫『法華経』上巻の出版から一〇年後の一九七二年に出された中公新書『日常佛教語』の「妙法蓮華経」の項において、サッダルマ・プンダリーカを「白蓮（プンダリーカ）に喩えられる正しい教え（サッダルマ）」と訳し変えておられることを、ここに付記しておかなければならない。

「常に軽んじられる」か「常に軽んじない」か

竺法護の訳と鳩摩羅什の訳で違いがはっきりと分かれているものに、『法華経』常不軽品《じょうふきょうぼん》第二十に登場する主人公の菩薩の名前がある。竺法護は「常被軽慢《じょうひきょうまん》」、鳩摩羅什は「常不軽」と訳している。前者は「常に軽んじられる」、後者は「常に軽んじない」で、受動と能動、肯定と否定と全く異なった訳になっている。この食い違いも謎とされ、どちらかという と竺法護の訳のほうが正しいとして、岩波文庫の岩本裕訳『法華経』も「常に軽蔑された男」、中央公論社の大乗仏典シリーズの『法華経』でも「常に軽んぜられたという菩薩」となっている。

この菩薩の名前は、サンスクリット原典ではサダーパリブフータ（sadāparibhūta）となっている。これは、連声《れんじょう》（単語の末尾と次の語の頭の音が影響し合って起こる音変化）の規則に従って次の二通りの複合語と考えることができる。

①sadā（常に）＋ paribhūta（軽んじられた）

②sadā（常に）＋ a-paribhūta（軽んじられなかった）

サダー（sadā）は「常に」という意味の副詞、パリブフータ（paribhūta）は「軽んじる」という動詞パリブフー（pari-√bhū）の過去受動分詞で「軽んじられた」を意味する。それに否定の接頭辞aを付けたアパリブフータ（a-paribhūta）は「軽んじられなかった」という意味である。従って、〈肯定と否定〉の二通りの解釈が可能である。

前者は「常に軽んじられた」であり、これは竺法護の訳に相当する。後者は、「常に軽んじられなかった」である。そうなると、「常に軽んじない」という鳩摩羅什訳は出てこないことになる。こうして、鳩摩羅什訳は誤りだとされてきた。

いずれも、過去受動分詞ということで、受動の表現で訳されている。教科書的サンスクリット文法ではそれでよかった。ところが、実践的な文法書には、過去受動分詞が、能動を意味することがあると明記されている。そうなると、過去受動分詞 paribhūta- と a-paribhūta- は、能動の意味も持ち得る。つまり、この菩薩の名前は、〈肯定と否定〉および〈能動と受動〉の組み合わせ方によって次の四つの解釈をすることができる。

①常に軽んじない〔菩薩〕（能動と否定）

②常に軽んじた〔と比丘・比丘尼・優婆塞・優婆夷の四衆たちに思われた菩薩〕（能動と肯定）

③常に軽んじられた〔菩薩〕（受動と肯定）

④常に軽んじられなかった〔菩薩〕（受動と否定）

筆者は、この四つの意味が掛詞《かけことば》になっていると考え、それらをすべて考慮して菩薩の名前を次のように訳した。

常に軽んじない〔と主張して、常に軽んじていると思われ、その結果、常に軽んじられ

ることになるが、最終的には常に軽んじられないものとなる〕菩薩。〈植木訳『法華経』下巻、三六三頁〉

サダーパリブータという名前には、「常不軽品」のストーリーがそのまま反映されていたのである。これらの四つの掛詞の中で根幹となる中心的な意味は、③ではなく、①の〈能動と否定〉である。ただ、漢訳する際には、掛詞のすべてを反映するのは困難であり、鳩摩羅什は、中心的な意味である①を採用して「常不軽菩薩」と漢訳し、竺法護は枝葉の意味である③を採用して「常被軽慢」と漢訳したのである。

掛詞としての sadāparibhūta に関するさらに詳細な考察については、拙著『仏教のなかの男女観』(二五一〜二七六頁)を参照されたい。

「吃音」か「妙音」か

竺法護が「妙吼《みょうく》」、「妙音《みょうおん》」と訳し、鳩摩羅什が「妙音」と漢訳した菩薩の名前は、サンスクリット語ではガドガダ・スヴァラ(gadgada-svara)である。ガドガダは、擬声語で「吃音《きつおん》」を意味するとされ、スヴァラは「音」、「声」を意味する。これまで、この「妙音」と「吃音」の意味の隔たりが謎とされてきた。

この菩薩のことを、岩本氏は、岩波文庫『法華経』で意味をとらずに「ガドガダ＝スヴァラ」と表記している。中央公論社の『法華経 II』では初出だけ「ガドガダ・スヴァラ(妙音）と呼ばれる菩薩としているが、それ以下は「妙音菩薩」として、注釈で次のように断っている。

ガドガダ・スヴァラ（Gadgadasvara）は、辞書には「どもるもの」あるいは「口ごもるもの」の意味が記されているが、羅什訳では「妙音」、『正法華』では「妙吼」とあり、まったく意味を異にする。チベット語訳のSan-san-pohi dbyaṅsはおそらく「声高な音」ぐらいの意味であろうが、明らかではない。従来どおり、以下羅什訳の「妙音菩薩」を用いる。（二七九頁）

これは、「ガドガダ・スヴァラ」と「妙音」などの漢訳やチベット語訳との違いを指摘するのみで、なぜそのような違いが生じたのか、それをどのように解消するのかについては言及していない。

多くの研究者も同様で、この菩薩について言及するときは、ほとんどが「本田義英《ほんだぎえい》著『仏典の内相と外相』二八九ページ以下に、この名前について詳細に考究されている」（中央公論社『法華経 II』二七九頁）などと述べるだけで、それ以上、深く立ち入らないですませていることが多い。

では、その本田義英博士（一八八八〜一九五三）の論文にはどのようなことが書かれているのか。本田氏は、ガドガダを、①白鳥の鳴き声、②牛の鳴き声、③太鼓の音——と説明し、それらの擬声語だから「妙音」と訳したのだと論じておられる。筆者にとっては、いずれもすり替えの論法である感が否めない。この中で、牛について検討してみると、インドで牛は神様の使いだとされる。その鳴き声だから聖なるものであり、妙音だと言うのであろう。しかし、疑問を禁じ得ない。インドの牛はガドガダと鳴くのだろうか？　そんなことはない。筆者が訪印したとき、牛はやはり「モーッ」と鳴いていた。

では、鳩摩羅什はどうして「妙音」と訳したのであろうか。『梵和大辞典』を開いても、gadgada の項目には形容詞として「口ごもる」、「吃《ども》る」、中性名詞として「吃音」という項目しか出ていない。オックスフォード大学で出版されたモニエル（M. Monier-Williams、一八一九～九九）の梵英辞典の gadgada の項も stammering と stuttering を挙げている。いずれも「どもる」という意味である。ところが、この妙音菩薩の章では、この菩薩の特徴として「どもる」ということには何ら言及されていない。鳩摩羅什がどうして妙音と訳したのか、説明がつかない。

困り果て、A４サイズの分厚いモニエルの辞典の重さにうんざりしながら、gadgada の項を見た後、何気なく二〇行ほど上のほうに目がいった。すると gad という文字が目に飛び込んできた。品詞は動詞、意味は to speak articulately とある。和訳すると「明瞭《めいりょう》に話す」である。それを見て筆者は、「分かった！」と歓声を上げた。

gadgada は、gad と gada に分解できる。動詞の語根√gad と、語根の√gad に接尾辞 a を付けた形容詞 gada の複合語である。サンスクリット語では、動詞の語根と、その語根から作られた形容詞の複合語は、動詞の意味を強調した名詞（形容詞）になる。それは、ガンジス河を意味するガンガー（gaṅgā）も同じである。ガンガーは、「行く」という意味の動詞の語根ガム（√gam）と、その語根から作られた形容詞ガ（ga＜√gam＋-a）の女性形ガー（gā）との複合語であり、「行き行くもの」、「滔々《とうとう》と流れゆくもの」という意味である。ヒマラヤの頂上に淵源《えんげん》を発し、何千キロもの距離を絶えることなく流れゆく河の様子を表現した名前であった。

gadgadaは、それと全く同じ構造を持つもので、「明瞭に話し話す（もの）」、「明瞭で流暢《りゅうちょう》に話す（もの）」ということを意味すると解釈できる。こう考えれば、「妙音」と漢訳されたことが理解できる。筆者は、このように理解して、難問を自分なりに解決した喜びに打ち震えた（その詳細は、植木訳『法華経』下巻、四八八頁の注1参照）。

その喜びをだれかに伝えたい衝動にかられた。それは深夜の三時ごろだった。だれかに電話するわけにもいかない。妻を起こして、話を聞いてもらった。妻は「よかったね」と一言口にして、再び深い眠りに入った。

三一　権実論争

中国では、鳩摩羅什の訳をめぐって、説一切有部の流れをくむ法相宗《ほっそうしゅう》の慈恩《じおん》大師基《き》（窺基《きき》、六三二〜六八二）をはじめとする三車家《さんしゃけ》と、天台宗の天台大師智顗《ちぎ》をはじめとする四車家《ししゃけ》の間で熾烈《しれつ》な論争が展開された。それは日本にまで持ち込まれて、伝教《でんぎょう》大師最澄《さいちょう》（七六七〜八二二）と筑波《つくば》の徳一《とくいつ》（七六〇ごろ〜八三五ごろ）との間で大論争が展開された。それは、三乗と一乗のどちらが権《かり》（仮）の教えで、どちらが真実の教えであるかという論争であったことから、三一権実《さんいつごんじつ》論争と呼ばれている。

この論争を理解するには、説一切有部の三乗説と『法華経』の三乗説の違いを理解しておかなければならない。三乗とは、三つの乗り物（教え）のことで、男性出家者で釈尊の教えを学ぼうとする声聞《しょうもん》のための乗り物（声聞乗《しょうもんじょう》）と、師なくただ独りで修行する独覚《どっかく》（縁覚《えんかく》）のための乗り物（独覚乗）と、菩薩のための乗り物（菩薩乗）のことである。前二者を二乗《にじょう》といい、小乗仏教の出家者のための教えとされる。菩薩（bodhi-sattva）は、すでに述べたように小乗仏教では「覚り（bodhi）を得ることが確定した人（sattva）」のことであり、実質的には釈尊独りに限られる。従って、菩薩のための乗り物も、ブッダに到る乗り物（仏乗）も、釈尊のみに限られた乗り物であって、いずれも実質的に同じものである。ということは、実質的には「声聞乗」「独覚乗」「菩薩乗＝仏乗」の三つの車があることになり、一仏乗は権の教えとなる。その考えを主張した人たちは三車家と言われた。

声聞乗によって到達できるのは阿羅漢《あらかん》果、独覚乗によって到達できるのは独覚果で、その二者はブッダには到達できない。ブッダになれるのは、釈尊のみである。以上のように分類した上で、人には、①仏果を得ることが決まっている人、②阿羅漢果を得ることが決まっている人、③独覚果を得ることが決まっている人（以上を決定性《けつじょうしょう》）、④三つのいずれとも決まっていない人（不定性《ふじょうしょう》）、⑤覚りとは全く縁のない人（無種性《むしゅしょう》）——といった差別があると主張された。法相宗では、それを「五性各別《ごしょうかくべつ》」と言った。

それに対して、大乗仏教は菩薩を「覚り（bodhi）を求める人（sattva）」と読み替え、だれでも成仏できるとした。ただし、それは声聞、独覚の在り方を全面的に否定した上でのことであり、二乗は排除されていた。

ということは、「在家非阿羅漢論」や「女人不作仏《にょにんふさぶつ》」を主張していたことが小乗仏教の差別思想だとするならば、「覚りを求める人はだれでも菩薩である」と説いて成仏できる人を拡大する一方で「二乗不作仏」を説いていたのは、大乗仏教の差別思想だということになる。

この小乗仏教と大乗仏教の対立を止揚したのが『法華経』であった。二乗と菩薩乗の違いは、方便として説かれたものであり、二乗に菩薩の自覚を持たせ、さらにその菩薩も二乗との対立的な在り方から、二乗も実は菩薩であったということに目覚めた「真の菩薩」に到らせ、すべての衆生を平等に成仏させる。二乗に菩薩を加えた三乗のそれぞれの差別は方便であり、三乗の区別なくだれでも成仏に到ることができる一仏乗の教えが『法華経』であると言うのだ。この考えでは、乗り物は四種類あることになる。その主張をした人たちは四車家と言われた。

その三車家と四車家の間で論争が展開された。その発端となったのが、鳩摩羅什訳『妙法蓮華経』方便品の一節「無《む》二《に》亦《やく》無《む》三《さん》」の解釈をめぐる対立であった。この一節の前後は次のようになっている。

十方仏土の中には、唯《ただ》一乗の法のみ有り。二無く亦《また》三無し。仏の方便の説をば除く。

（植木訳『法華経』上巻、一〇八頁）

四車家の光宅寺《こうたくじ》法雲《ほううん》や、天台大師智顗は、「一仏乗のみがあって、二乗（声聞乗と独覚乗）もなく、また三乗（二乗と菩薩乗）もない」と読んだ。ということは、全部で声聞乗・独覚乗・菩薩乗・仏乗の四つの車があることになる。それに対して、法相宗の慈恩《じおん》大師基は、鳩摩羅什が「二」、「三」と訳した箇所は原文では「第二」、「第三」となっているとして、「一乗（仏乗）のみがあって、第二の独覚乗もなく、また第三の声聞乗もない」と読んだ。この場合、全部で声聞乗・独覚乗・仏乗の三つの車があることになる。

唯一を強調するレトリック

果たして、サンスクリット原典を見ると、次のようになっている。

乗り物はただ一つであり、第二のものは存在しない。実に第三のものも世間には〔いついかなる時にも〕決して存在しない。乗り物が種々に異なっていることを説くという人間の中の最高の人〔であるブッダ〕たちの方便を除いては。（植木訳『法華経』上巻、一〇九頁）

前半部分だけ見ると、確かに基の言う通り、基数詞ではなく序数詞になっている。ところが、これは、苅谷定彦《かりやさだひこ》博士が『法華経一仏乗の思想』で指摘されているように、唯一を強調するレトリックなのである。このようなレトリックは、サンスクリット文献で頻繁に見られる。筆者は、『チャーンドーギャ・ウパニシャッド』をはじめ、原始仏典の『スッタニパータ』などに、その例文を多数見出すことができた（その例文は、拙著『仏教のなかの男女観』三三八〜三四三頁を参照）。

「無二亦無三」を述べた一節の後半部分を見ると、種々に異なる乗り物を説くことを方便としていて、前半部は真実の乗り物が唯一で、それ以外に第二、第三のものはないと強調している文章であったことが分かる。種々に異なった乗り物、すなわち二乗や、三乗は方便としては存在すると言っているのである。真実の一乗（仏乗）と、方便としての三乗が説かれていたことになり、全部で四つになる。しかも、唯一を強調するレトリックであれば、基数詞を使った鳩摩羅什訳でも全くかまわないことになる。現に、サンスクリット原典で後世に付加された薬草喩品《やくそうゆぼん》の後半部（鳩摩羅什訳には含まれず）には、基数詞を用いた唯一を強調する表現が用いられているのである。それは、次の一節である。

カーシャパよ、実にあらゆるものごと（一切法）が平等であることを覚ることによって、涅槃があるのである。しかも、その〔涅槃〕は一つであって、二つ〔あるの〕でもなく、三つ〔あるの〕でもないのである。（植木訳『法華経』上巻、三六三頁）

結果的には、「二」を二乗、「三」を三乗とした智顗らも、「第二」を独覚乗、「第三」を声聞乗とした基も、いずれも間違っていたことになる。ところが、『法華経』の真意を歪《ゆが》めなかったのは智顗らの四車家のほうで、『法華経』の真意を歪める決定的な誤りを犯していたのは、基らの三車家のほうであった。

こうした事情を中村先生は、次のように指摘されている。

慈恩大師基はときにはサンスクリット原本を参照したこともあったようである。〔中略〕しかし思想の理解という点に関しては、慈恩大師は、サンスクリット原本を参照しなかった天台大師よりもかえって『法華経』から遠ざかっている点がある。（『シナ人の思惟方法』一〇頁）

前述のように一五〇〇年前の中国で繰り広げられたこの論争は、日本にも持ち込まれ、伝教大師最澄と法相宗の徳一との間でも熾烈な議論が展開され、今日まで持ち越されている。こんなに長引いた理由は、サンスクリット語の「第二」、「第三」を確認しただけで、漢訳を中心にその議論が展開されたことにある。サンスクリット原典の前後を綿密に読み込めば、明確に白黒がつくはずである（拙著『仏教のなかの男女観』第九章参照）。それにもかかわらず、いまだに漢訳から議論が展開されているのは、それだけ、サンスクリット原典の読み込みがなされてこなかったことの結果であろう。

「聞如是」と「如是我聞」

漢訳仏典の冒頭の言葉は、鳩摩羅什より前の古訳では、「聞如是《もんにょぜ》」（聞くこと是《か》くの如《ごと》し）とされていた。当然、竺法護訳『正法華経』もそうなっている。ところが鳩摩羅什は、「如《にょ》是《ぜ》我《が》聞《もん》」（是くの如く我れ聞きき）と改めた。

前者は、主語のない表現になっている。それは、仏教が無我説だからという考えを反映したもののようだが、第一章で述べたように、「無我」は「非我」とすべきであったことを考慮しても、考えすぎの訳である。

サンスクリット語とパーリ語の、これに対応する箇所は、それぞれ次のようになっている。

「エーヴァム・マヤー・シュルタム」(evaṃ mayā śrutam)

「エーヴァム・マヤー・スタム」(evaṃ mayā sutam)

エーヴァムが「このように」、マヤーが「私によって」、シュルタム（スタム）が「聞かれた」で、「このように私によって聞かれた」、すなわち「私はこのように聞いた」という意味であり、「如是我聞」で何も問題はない。

これは、仏典結集《けつじゅう》の際、釈尊に常に随行し多聞第一《たもんだいいち》と言われたアーナンダ（阿難）がこのように前置きしてブッダの教えを諳《そら》んじたという形式に倣ったものである。従って、「我れ」(mayā) とは、アーナンダのことである。

三文字の「聞如是」よりも、四文字の「如是我聞」のほうが口に諳んじて調子がよい。こうしたこともあって、鳩摩羅什以後は「如是我聞」が定着した。

ここに、漢訳をめぐる曲折、是非、それらをめぐっての種々の議論が展開されてきたことを見てきた。近年、批判されている鳩摩羅什の訳が、実は正しい理解に基づいたものであったことも理解されたことと思う。

第三章　漢訳仏典を通しての日本の仏教受容

漢訳中心の仏教受容

本章では、漢訳仏典を通しての、日本の仏教受容の仕方を見ていきたい。

日本にもサンスクリット語の仏典はもたらされていた。日本ではそういったものが大切に保存されてきた。そこは、中国と異なっている。法隆寺《ほうりゅうじ》に伝えられるサンスクリット語の『般若心経《はんにゃしんぎょう》』は現存する世界最古の梵文テキストだと言われている。なかには天才的な人がいて、独学でそれについて研究することはあったようだが、それは、ごく一部のことであった。サンスクリット写本は大事に保管されてはきたが、むしろ漢訳されたものを通して仏教が受容された。そういう意味では中国の仏教の影響を多大に受けている。その漢訳は、音読みで、それも呉音《ごおん》で読まれてきた。漢文が読める、漢文の素養があるという人は一部の特権的知識階級に限られるから、その経典に書かれている意味は、ほとんどの日本人に理解されなかったと言ってもいい。今日も、その状況はほとんど変わっていないだろう。

笑えない笑い話

筆者はかつて、無住《むじゅう》（一二二六〜一三一二）という尾張《おわり》（現、名古屋市）の僧が、鎌倉時代後期の一二七九（弘安《こうあん》二）年から四年ほどかけて書き上げた仏教説話集『沙石集《しゃせきしゅう》』（岩波文庫）を読んで思わず吹き出してしまったことがある。因果応報の話、美談・教訓的な話ばかりではなく、身近な話、笑い話のようなものから和歌の話題まで豊富な内容で、地方の庶民生活を描いた説話も多く収録されていて、当時の人々の暮らしを知るのに参考になる。

それは、一五〇話ほどの中の「愚癡《ぐち》の僧文字知らざる事」と題する話だ。

ある山寺では『法華経』と『仁王般若経《にんのうはんにゃきょう》』を暗誦するのが決まりだったが、文字も見ないで覚えた僧が多かった。ある若い僧が、師から与えられた『大般若経』を広げていた。そこへ隣の房の若い僧が来て、「何経か?」と問い、「何経だろう?」と答えた。すると隣の房の僧は、「私は『法華経』を持たないから『法華経』ということにしよう」と一部をもらって帰った。また、ほかの僧は「『仁王般若経』を持たないから『仁王般若経』ということにしよう」と持って帰った。

そんな僧たちが、寺で『大般若経』を読むことがあった。愚かな僧がいて、経をさかさまに持って読んでいる。在家の人が「さかさま」だよと注意した。すると正しく持っていた僧が、さかさまに持ち直し、さかさまに持っていた僧は、「私は正しく持っているのだ」という様子でそばの僧をばかにして見ていたという。また、「大」という文字を読めない者、「般」という字を「船」と読む者がいるといって、無住は嘆いている。

多くの僧がこうであったのだろうかと、筆者は吹き出した後に、あきれてしまった。これが、すべてではないかもしれないが、鎌倉時代における日本の仏教の実態の一面を見る思いがした。僧侶がこんなことでは、その説法を聞く一般庶民の仏教理解はおぼつかないものであろう。

釈尊在世当時のインドの人たちは、釈尊の教えを伝え聞いてほとんどみんなが理解したはずだ。釈尊は、弟子たちから「世尊の教えは、サンスクリット語に翻訳して伝えたほうがいいのではないでしょうか」と尋ねられたことがあった。サンスクリット語というのはバラモン階級、特権階級の言葉であった。釈尊は、その質問に対して、「その必要はありません。それぞれの地域で語られている言葉で語りなさい」と答えている。それぞれの地域の言葉で、釈尊の教えが語られたのだから、聞いた人は、だれでも理解できたはずである。

その釈尊の教えが、次に中国で漢訳された。中国にも、文字の読めない人たちがいたけれども、中国語だから、サンスクリットの音写語は別として、だれかに読んで聞かせてもらえば大筋は理解できたはずである。だから、中国でも経典の内容はある程度理解されていたことであろう。

アジアの各地を見ても、チベット語訳されたり、蒙古《もうこ》語、満洲《まんしゅう》語というように自国の言葉に翻訳されて読まれた。それらの地域の人たちも仏典の内容を理解できたであろう。

ところが、日本だけ事情が異なっていた。漢訳のままで受け容れて、大和《やまと》言葉に翻訳されることはなかったのである。しかも漢文の経典は音読みで読まれたから、多くの人はそれを聞いても意味が分からない。そんな状況が続いてきたわけである。筆者が、『法華経』と『維摩経』を梵漢和対照の形式で現代語訳したのは、その弱点を補いたかったからである。

漢字だからと分かったつもりは危険

中国からもたらされた仏典は漢字で書かれている。日本では漢字を用いて文章を読み書きしている。だからといって、中国で書かれたものを分かったつもりになっていると、とんでもないことになってしまうことがある。現代の中国語においても、例えば手紙は「トイレットペーパー」のことであり、鮎《あゆ》は「ナマズ」のこと、娘は「お母さん」、丈夫は「夫」のことであって、日本での意味と全く異なっているので、注意を要する。

また、『梵漢和対照・現代語訳　法華経』をまとめていて、「堕落《だらく》」という語の使い方には注意を要すると気付いた。『法華経』譬喩品《ひゆぼん》第三に次の一節がある。

tatra prapatanti（植木訳『法華経』上巻、二三〇頁）

タトラ（tatra）は「そこに」という副詞であり、プラパタンティ（prapatanti）は、「飛び去る」、「飛行する」、「落ちる」、「〜（処格）に入る」、「〜（対格、処格）の上に倒れる」、「飛び降りる」といった意味で、「墜堕《ついだ》」、「堕落」、「墜落《ついらく》」と漢訳された動詞プラ・パット（pra-√pat）の現在・三人称・複数形である。

鳩摩羅什は、この箇所を四番目の意味を採って次のように訳している。

阿鼻獄《あびごく》に入らん。（植木訳『法華経』上巻、二三〇頁）

ところが、岩波文庫『法華経』の岩本訳では、これらの漢訳語のうちの「堕落」を採用して、次のように現代語訳している。

　そこで堕落を続けるのだ。（上、二一一頁）

漢訳の「堕落」は、他の「墜堕」、「墜落」と同様、「落ちる」、「陥る」といった意味で訳されている。ところが、岩本訳の用い方はそうではない。タトラを「そこで」と訳しているから、すでに「そこ」、すなわち「アヴィーチ（阿鼻《あび》）地獄」にいることを前提とした話になっている。「地獄に落ちる」ではなく、「地獄で身をもちくずす」という訳し方である。岩本裕訳には、こうした致命的誤訳が何百箇所と散見される（植木訳『法華経』の注を参照）。

鳩摩羅什は、『維摩経』観衆生品《かんしゅじょうぼん》第七において「落ちた」という意味で動詞パット（√pat）の過去受動分詞パティターニ（patitāni）を「堕落」と漢訳している。天女がシャーリプトラや菩薩の上に天上の花々を振り撒《ま》いた。シャーリプトラをはじめとする声聞の身に至った花びらは、付着して落ちなかった。ところが、「華は諸の菩薩に至るや、即ち皆堕落しぬ」（植木訳『維摩経』二九六頁）となっている。もちろん、これは「身をもちくずした」という意味ではない。単純に「落ちた」ということである。

　同じ意味を持つ二つの異なる漢字を重ねた熟語で、中国語が文字通りのことを意味するのに対して、日本語では抽象化された意味が付加されるという具体例が、中川正之《なかがわまさゆき》著『漢語からみえる世界と世間』に挙げてある。例えば、「超」も「越」も「こえる」を意味し、中国語で「超越」は「前の車を超越する」というように用いて、単純に「追い越す」という意味になり、もともとの「こえる」という意味が維持されている。それに対して、日本語では「ずば抜けていること」、「俗事にとらわれないこと」という意味に抽象化されている。「軽薄」も中国語では、文字通り「軽くて薄い」の意味で、日本語と微妙な違いがある。中国では品物に用いて、喜ぶべきことを意味しているが、日本では人に対して用いて、悪いことになる。「堕落」は、「堕」も「落」も「おちる」という意味で、漢語ではもとの意味が維持されているが、日本語になると「おちぶれること」といった抽象化が行なわれている。岩本訳では、その違いを見落としていると言えよう。

筆者は、前記の箇所を「そこに落ちるのである」と訳しておいた。

「落ちる」という意味の動詞√pat を挙げたついでに、中村先生が指摘されていた〝迷訳〟を紹介しよう。「落ちる」という動詞パット（√pat）の派生語パタナ（patana）と「仙人」を意味するリシ（ṛsi）との複合語リシ・パタナ（ṛsi-patana）を「仙人堕《せんにんだ》処《しょ》」と訳した漢訳仏典（『解深密経《げじんみつきょう》』など）がある。これは patana を「堕ちるところ」と解釈したからであろう。もしもこの訳し方が正しいとするならば、ヒンディー語のヴィマーナ（vimāna、飛行機）とパタナの複合語ヴィマーナ・パタナ（vimāna-patana）は「飛行機の堕ちるところ」と訳さなければならない。ところが、このヒンディー語は「飛行場」のことであり、物騒な訳になってしまう。ここは、√pat に「〜に入る」という意味があることに着目して、パタナを「住むところ」「集まるところ」として「仙人の集まるところ」「飛行機の集まるところ」と理解するべきである。従って、リシ・パタナは『雑阿含経《ぞうあごんきょう》』のように「仙人住処《せんにんじゅうしょ》」と訳すべきである。

また、「降伏」、「迷惑」という言葉も注意を要する。前者は、『維摩経』仏道品《ぶつどうぼん》第八で、「降伏四種魔……」という形で用いられていた。一般に知られる降伏の意味では、これを、「四種の魔に降伏《こうふく》し……」と書き下したくなる。これでは、魔に降参したことになる。ところが、仏典では降伏と書いて「ごうぶく」と読ませ、「相手を打ち負かす」という意味で用いられる。そうなると、「四種の魔を降伏《ごうぶく》し……」（植木訳『維摩経』三五六頁）と書き下さなければならない。「こうふく」と読むか、「ごうぶく」と濁って読むかで、意味が全く逆になってしまうのだ。

後者の「迷惑」も一般には、「あの人は、私にとって迷惑だ」という用法である。ところが、『法華経』方便品第二の次の一節「無智の者は錯乱《しゃくらん》し、迷惑《めいわく》して教えを受けず」（植木訳『法華経』上巻、一一〇頁）のように、仏典では「迷い」、「惑う」のは他人のせいではなく、自分の至らなさから「迷惑」するという意味なのである。

漢字の多義性からの誤りも犯しやすい。宿命を「しゅくめい」と読み、「命に宿る」ものとして「前世から定まっている人間の運命」と解釈する人がある。これはサンスクリットの pūrva-nivāsa を漢訳したもので、読み方は「しゅくみょう」である。pūrva が「過去の」という意味で「先世」「昔」「宿」などと漢訳され、nivāsa が「止住」「滞在」という意味である。両者が複合語となって「過去の生存」という意味になり、「宿世《しゅくせ》」「宿住《しゅくじゅう》」「宿命《しゅくみょう》」と漢訳された。「宿」という漢字には、「やどる」「やど」「星座」「年を経ている」「前世〔の〕」といった意味があり、ここでは最後の意味である。

非漢字文化圏の人の勘違い

第二章で、比丘を comparative hill と訳した人がいたという話をした。それは、漢文を学び、漢字が読める欧米人の〝迷訳〟であった。それに類する〝迷訳〟を挙げておこう。『法華経』提婆達多品《だいばだったぼん》に龍女《りゅうにょ》について説明した次の一節がある。

智慧利根《りこん》にして、善く衆生の諸根の行業《ぎょうごう》を知り……。（植木訳『法華経』下巻、九四頁）

ここに引用した文章の中に、「根」という文字が二つ出てくるが、「根」と漢訳されたサンスクリット語にはインドリヤとムーラの二つがあるし、「根」という漢字自体に複数の意味があることに注意しなければならない。特に漢字文化圏ではない人の場合、このようなところで勘違いが生じるようだ。バートン・ワトソン氏（一九二五～）の訳された *The Lotus Sutra* の一八七頁でこの部分を見ると、

Her wisdom has keen roots and she is good at understanding the root activities and deeds of living beings.

（彼女の智慧は鋭敏な根本を持ち、また彼女は衆生の根本的な活動や行ないを理解することが

たくみである。＝筆者訳）

と英訳されている。「根」という文字を含んだ「智慧利根」が「Her wisdom has keen roots」（彼女の智慧は鋭敏な根本を持ち）と訳され、「諸根の行業」が「the root activities and deeds」（根本的な活動や行ない）と訳されている。これは、「根」の意味の取り違えである。「諸根」の「根」は、漢訳だけ見ると「感覚器官」を意味するインドリヤ（indriya）の意味に近いが、ここでは「諸根の行業」とあるので、「諸根」は「行為や行ないをなすもの」ということになる。それに対して「利根」の「根」もインドリヤだが、この場合は「能力」という意味である。「善根」と訳される場合の「根」は、ムーラ（mūla）のほうであって、これは「根本条件」という意味である。ムーラは、植物の「根」という意味でもある。同じ「根」でも、このような違いがあり、漢字のみから解釈すると意味を取り間違えることがあるので気を付けなければならない。

そこで、サンスクリット原典を見ると、「利根」に相当するのは「研ぎ澄まされた能力」（tīkṣṇêndriyā）である。「諸根の行業」の部分は、サンスクリット原文ではカーヤ・ヴァーン・マナス・カルマン（kāya-vāṅ-manas-karman）であって、身体（kāya）、言葉（vāṅ ＜vāc）、意（manas）、行ない（karman）の複合語である。意味は「身体と言葉と意による行ない」である。これは、「身口意《しんくい》でなされる行ない」、すなわち「身口意の三業《さんごう》」であり、鳩摩羅什は、「諸々の感覚器官の行ない」と考え、転じて「諸根の行業」と漢訳したのであろう。

サンスクリット原典からの筆者の訳は次の通りである。
大いなる智慧をそなえ、研ぎ澄まされた能力を持ち、智に基づいた身体と言葉と心の行ない（身口意の三業）を具えており……。（植木訳『法華経』下巻、九五頁）

サンスクリット原典から見ても、ワトソン訳は逸脱したものであることが分かる。
漢字文化圏でない人による仏典の翻訳について、中村先生におうかがいしたら、「大変な間違いが多いですよ」と話されていた。

D・パウル女史の書かれた *Women in Buddhism* にも漢字から訳したことによるミスが目立つ。例えば、その四六頁に、次のような箇所があった。

Shrieking and screaming,
Pulled both ways by a black rope.
（金切り声を上げ、絶叫しながら、
黒いロープで両側へ引っ張った。＝筆者訳）

英語の意味は分かるが、仏典としてそんな場面を思い描くことができなかった。もとの漢訳を参照してみると、

号叫及大叫。弁往黒縄中。（『大正新脩大蔵経』巻一一、五四六頁下）
（号叫《ごうきょう》〔地獄〕や大叫《だいきょう》〔地獄〕、それに黒縄《こくじょう》〔地獄〕の中に往《ゆ》く）

とあった。「号叫」、「大叫」、「黒縄」は三種類の地獄の名前であり、それらを列挙したとこ

ろであった。
漢字だけに頼っていると、このような間違いを犯しやすいという教訓であり、気を付けなければいけないと自戒している。

「AはBなり」の文章も要注意

私たちの日ごろ使っている日本語の曖昧《あいまい》さについても注意が必要だ。例えば、次の言葉は、どういう意味であろうか。

「世間とは差別の義なり」

おそらく、大半の人が「世間というのは、差別という意味である」と解釈するであろう。すなわち、「世間」と「差別」をイコールととらえるであろう。実際にそのように解釈した文章を読んだことがある。しかし、国語辞典にも、仏教語辞典にも、「世間」の項目に差別という意味は挙げられていない。これは、どういうことか。

筆者は、国語学者の大野晋《おおのすすむ》先生と対談したとき、仏典に日本語の「は」の独特の使い方があることを話したが、そのときに例として挙げたのがこれだった。大野先生は、大変に興味を示され、真剣に聞いてくださった。

長崎県島原市に生まれ育った筆者は、子どものころによくやった言葉の遊びを紹介しながら説明した。その遊びは二人でやるもので、一方が「豆腐、豆腐は白い」と始める（どういうわけか、いつも豆腐から始まった）。それを受けて、もう一人が「白いはウサギ」と答える。それに続けて、「ウサギは跳ねる」、「跳ねるはカエル」、「カエルは青い」……というように、延々と名詞から属性、属性から名詞、名詞から属性……と掛け合いをやって、関係性の弱い答えをしたら負けというゲームであった。

先の「世間とは差別の義なり」というのは、この遊びで言えば、「豆腐」から「白い」を経て「ウサギ」に結びつけたことをとらえて、途中の「白い」を省いて、「豆腐はウサギなり」と言ったのと同じなのである。そこには、「豆腐は、白いという属性がウサギと共通している」といった意味がこめられている。

世間は、サンスクリット語のローカ（loka）の訳である。ローカは、ラテン語のロコ（loco）、英語のローカル（local）と語源は同じで、空間的な広がりを持つ場所のことである。その空間では千差万別の現象が織り成されている。そうした文脈があって、「世間とは差別の義なり」と言っていたのである。途中を省かないで言えば、「世間とは〈空間的な広がりを持つ場所であり、その空間では種々の差別相の現象が織り成されている。その差別相を見れば、世間は〉差別という意義である」となる。従って、世間という言葉自体に差別という意味があるのではないのだ。

このように「AはBなり」という表現は、「A→C→B」とたどる文脈で、Cを省いたものである場合があることも注意する必要がある。

もう一つ、別の例を挙げよう。数人で喫茶店に行ったとしよう。ウェイトレスが出てきて注文を取った。順番に「コーヒー」、「私も」、「私も」と答えている中で、一人だけ躊躇《ちゅうちょ》している。ウェイトレスが「あなたは？」と尋ねると、「私はオレンジジュースです」と答えた。そこで、「え？ あなたは、オレンジジュースさんですか？」とは言わないであろう。それは、「私」と「オレンジジュース」がいかなるものかを知っているので、両者をイコールと思わないからだ。しかし、仏典には、日ごろ見慣れない漢字で書かれた言葉が使われ、「aはbなり」という文章がよく出てくる。aとbの意味が分からないときは、単純に「aイコールb」でとらえてしまいがちである。

このオレンジジュースの例では、この言葉の前に「何を注文したいかといえば」という前提があって、「私はオレンジジュースです」が意味を持ってくる。そこにいる人たちには、その情況が理解されている。だから、誤解が生じることはない。

ところが仏典においては、それが語られた時代には、その前提が暗黙の了解事項であって省略されていることがある。それをわれわれが読む。前提条件を知らない。しかも、聞き慣れない仏教用語が並んでいる。こうして、「aイコールb」と読んでしまうことになりやすいのである。

漢文、日本語、サンスクリット語の曖昧さ

漢訳仏典では、一つの漢字が名詞でもあり、形容詞でもあり、動詞でもあり得るという多義性から曖昧さが生じることがあるとすでに述べた。

それに対して、サンスクリット語は名詞、形容詞に八つの格があり、だれが、だれに、何を、何によって、何のために、何から、どこで……ということが明確で、曖昧さがない。また、日本語の「美しい花子の娘は……」という文章では、美しいのは花子なのか、娘のほうなのか曖昧さが付きまとう。それは、日本語に格変化がなく、単語に「てにをは」という助詞をつけて文章を作るわけだが、形容詞には「てにをは」をつけようがなく、何を修飾しているか曖昧になるからだ。ところが、サンスクリット語では名詞も形容詞も格変化をする。「美しい」という語が、「花子の」に合わせて属格（所有格）であれば、美しいのは花子ということになり、「美しい」が「娘は」に合わせて主格であれば、美しいのは「娘」だということになる。サンスクリット語には修飾・被修飾の関係に曖昧さがない。

ただし、サンスクリット語にも曖昧さが現われるところがある。それは複合語である。サンスクリット語では、驚くほどに多くの単語をつなげて複合語を作ることがある。筆者がこれまでに見たもので長いのは、一〇個ほどの単語からなっていた。『華厳経』でサンスクリット原典が残っている「入法界品《にゅうほっかいぼん》」は、あまりにも長い複合語が多用されていて難解である。長ければ長いほど、それぞれの語と語の間に言葉を補って解釈するのに苦労する。

たった二語の複合語であっても、ものによっては、恣意《しい》的に解釈するという幅が出てくる。

「運動靴」は「運動のための靴」、「風車」は「風で回る車」というような例では問題ない。ある会社で「幹部指導」という言葉を使う人がいる一方で、「社員指導」と言う人もいたとする。前者が「幹部による社員に対する指導」で、同じ構造だからといって、後者は「社員による幹部に対する指導」とはならない。後者は「社員に対する幹部による指導」なのだ。ここには、幹部中心主義が貫かれている。このように複合語は、前後の単語の関係を恣意的に意義づけすることが可能だ。そこに曖昧さが生じやすい。

しかし、見方を変えれば、その曖昧さの幅を利用して、サンスクリット文学では、表現の豊かさを広げようとしたとも言えるであろう。すでに論じた『法華経』常不軽品《じょうふきょうぼん》の主人公である菩薩の名前が四つの掛詞で表現されていたのも、複合語の曖昧さのゆえに可能であった。また、小乗仏教において、「覚り(bodhi)を得ることが確定している人(sattva)」という意味で考え出された複合語 bodhi-sattva を、大乗仏教が「覚り(bodhi)を求める人(sattva)」と読み替えて、釈尊一人に限定されていた菩薩を万人に開くことができたのも、複合語の持つ解釈の幅を利用してのことであった。

ドラマとしての『維摩経』

このように日本語の持つ曖昧さに加え、漢字の多義性、漢訳仏典が音読みされてきたことなど、日本人にとって仏典を理解しにくい条件が多数重なってきたといえよう。

面白い話がある。二〇〇六年の七月、明治学院大学で、留学生のために仏教について一時間半レクチャーする機会があった。キリスト教系の大学での仏教の講義である。開かれた大学だと驚いた。留学生が相手だから当然、英語での授業になった。彼らは漢文は読めないから、経典を英語に直して読んで聞かせるところもあった。その受講者の中には、単位がもらえるというので、日本人も混じっていた。終わってから、その日本人学生が駆け寄ってきて、言った。「仏教って面白いんですね。今までお経というのは葬式で読まれるものだとばかり思っていました。聞いても、何のことかさっぱり分かりませんでした」と。

筆者がそのとき、英訳してみんなに紹介したのは、『法華経』と『維摩経』の男女平等思想が表明されたところで、小乗仏教の女性差別に固執する智慧第一のシャーリプトラ（舎《しゃ》利《り》弗《ほつ》）を女性が智慧によってやりこめるという痛快な場面であった。

『維摩経』は、ドラマ的な展開が大変に面白い経典である。筆者がニッポン放送のラジオ番組「菅原文太　日本人の底力」（二〇〇八年一二月二一日放送）に出演したとき、『法華経』に続いて、サンスクリットの『維摩経』を現代語訳していることが話題になった。『維摩経』の戯曲的構成による展開の痛快さについて話をすると、菅原文太氏は俳優であるだけに大変に興味を示され、その出版を心待ちにしてくださった。

それは、天女とシャーリプトラとのやりとりの場面である。天女が、天上の花を空中に振り撒くと、その花々が舞い落ちてきた。菩薩の体に触れたものは全部、地面に落ちた。ところが、シャーリプトラをはじめとする男性出家者である声聞《しょうもん》たちに落ちてきた花々は、彼らにくっついて離れなかった。シャーリプトラは、一所懸命に花々を取り払おうとする。天女が、「シャーリプトラさん、どうして花々を取り払おうとしているのですか?」と尋ねた。シャーリプトラは、「出家者に花々はふさわしくないから、取り払っているのだ」と答えた。すると天女から「何をおっしゃるのですか、花々は考えることも分別することもありません。あなたの心が『出家者に花々はよくない、よくない、よくない』と思っていることが、すでに花々に執着していることなのです。だから、その花々があなたの身体にくっついているのです」と言われて一本取られてしまう。

歴史的人物としてのシャーリプトラは、高潔な人物であるが、大乗仏典では、保守的で権威主義的な小乗仏教の男性出家者を代表する存在としての役回りが与えられている。しかも、『維摩経』では、小乗仏教の女性蔑視の思想の代弁者というキャラクターである。「そこまで智慧のある女性が、何で女の身体を男に転じないのだ」と、天女に問うた。すでに一本取られているのに、言わなくてもいいことを言ったことで、またやりこめられてしまう。天女は通力《つうりき》によって、自分の身体とシャーリプトラの身体を入れ替えてしまう。すると、シャーリプトラは「大変だ、大変だ」と慌てふためく。天女は、平然と「どうして女の身体を転じないのですか?」と問いかける。シャーリプトラは、「どうしてこうなったのか分からない」と答える。

天女は、そこで再びそれぞれの身体を元に戻した。シャーリプトラは、ホッと胸をなで下ろす。そこへ天女が「先ほどのあなたの女性の身体はどこへ行きましたか」と問いかけた。

「どこへ行ったのでもありません」

とシャーリプトラは答えた。

「そうでしょう、世の中の女性はみんな女性でないのに女性の姿をしているのです。それは、あなたが女性でないのに女性の姿をしていたのと同じです。ブッダは、『一切は男に非ず、女に非ず』とおっしゃられました」

要約だが、このように、智慧第一のシャーリプトラが天女から手玉に取られ、コテンパンにやられてしまう。

この箇所を全文、英語に訳して読んで聞かせたが、日本人の学生たちは、「経典というのはドラマなんですね」と感想を漏らしていた。筆者も、嬉しくなって、「そうなんです。お経を葬式で読むのは、極端に言えば、シェークスピアの戯曲を葬式で読んでいるようなものです」と答えた。

ほとんどの日本人は、経典に何が書かれているかを知らないままで、今日までできたという不幸があると思う。その背景として、日本には「分からないこと」イコール「有り難いこと」という変な思想がある。一部の宗教者たちにとって、それは都合のいいことだったかもしれない。「あなたたちには、分からないでしょう。私たちにしか分からないのだ」と経典を難しくて分からないものにしておいて、彼らの権威づけに用いられた点も否定はできない。西洋の聖職者たちがラテン語でお祈りをするのも同じことであろう。

また、分からないからそれを呪術的に信仰する。そういう意味では、中村先生が強調されていたように、日本においては仏教と思想的に対決がなされるというようなことは、ほとんどなかったと思う。

あるいは、本章の初めのほうで紹介した『沙石集』の「愚癡の僧文字知らざる事」の話からすると、僧侶自身が分かっていなかった場合もあったのかもしれない。

茶化しと低俗化

日本の際立った現象として、仏教用語が茶化《ちゃか》されたり低俗化されたり、ふざけに使われたりすることが頻繁に起こった。最近でもそうだが、西洋で新しい哲学思想が流行するとすぐ飛びつくけれども、何年かたつと、きれいさっぱりと忘れ去ってしまうという、着せ替え人形の着せ替えのような現象が顕著である。そういう思想的な安易さがある。

例えば「法師《ほっし》」という言葉がある。これは、釈尊の教えである経典を語って聞かせる人のことである。それが、「起き上がり小法師《こぼし》」という玩具《おもちゃ》の名前としても使われている。これは、ふざけや、茶化しとは異なるが、本来の意味を見失わせるものであることには変わりない。

あるいは「右繞三匝《うにょうさんそう》」という言葉がある。これは、右回り（時計回り）に三べん回って合掌して敬礼するというインド独特の挨拶《あいさつ》の仕方である。真ん中に人がいて、その人に右肩を向けて時計回りに三べん回る。中村先生によると、これはギリシア正教にも取り入れられていて、ギリシア正教では一回だけ回るという。ところが、これが日本では「三遍回ってワン」という人をからかう言葉になった。

「法螺貝《ほらがい》」という言葉がある。これは『法華経』の次の一節に出てくる。

法の太鼓を打ち鳴らし〔中略〕法の螺貝を吹き鳴らし。（植木訳『法華経』下巻、五六九頁）

螺貝というのは巻き貝の一種で、山伏が持ち歩いて吹き鳴らすものとして知られているが、吹き口から息を吹くと音が増幅されて大きく響きわたる。太鼓は皮を張った空洞に空気が入っていて、叩《たた》くと音が何倍にも大きく響く。それと同じように釈尊の教えを人の口を通して語ることによって、それが何倍にも増幅されて、大きく響いて多くの人にまで届くということを譬えた言葉である。ところが「法螺吹き」という言葉になると、これは「嘘つき」のことである。針小棒大に話すということで、悪い言葉として使われるようになってしまった。

また、「説教」という言葉がある。もともとは、釈尊の説いた真理の教えの道理を説いて聞かせることであった。けれども、日本では「小言を言う」、「叱る」といった意味にされて、できればあまり聞きたくないものにされている。

第一章で、「真理に目覚めた人」、「真の自己に目覚めた人」が「ブッダ（仏陀）」であると書いたが、日本では「仏」を「ほとけ」と読ませて、「死んだ人」のことにされた。あるいは「仏の顔も三度」とか、「知らぬが仏」などという使われ方をした。

「お釈迦さま」という言葉は、釈尊の愛称のようなものだが、「お釈迦になる」というと、「台無しになる」、「使い物にならなくなる」という意味になる。こんなことは、中国では考えられないことである。例えば、「孔子になる」、「周恩来になる」で、台無しになるなんて意味にはならない。こんなことは、日本独自である。あるいは「法悦《ほうえつ》」という言葉があるが、これは「真理を覚って感動に打ち震えること」という意味だが、日本のポルノ小説では別の意味で用いられている。

また、「道楽」は、「どうぎょう」と読んで「道《どう》（覚り）を求めようとする願い」、「どうらく」と読んで「仏法の覚りの楽しみ」を意味していた。ところが、わが国では「道楽息子《どうらくむすこ》」、「道楽者」といった使い方がなされる。「道楽者」とは、「酒色《しゅしょく》や、博打《ばくち》にふけって身をもちくずしている者」あるいは「怠け者」という意味である。

このように、日本では仏教用語や哲学用語が、安易でおかしな方向に引きずられてしまいがちである。哲学的・思想的対決を真剣にやろうという姿勢があまり感じられない。中村先生はそのことをいつも嘆いておられた。

漢文書き下しの勘違い

漢字は、同じ文字が名詞であったり動詞であったり形容詞であったりするという特徴がある。しかも多義的である。日本では漢文のこうした特徴を利用して、恣意的に読み替えたこともあった。

九六三（応和《おうわ》三）年、宮中の清涼殿《せいりょうでん》で天台宗と法相宗の宗論が行なわれた。天台宗の慈慧《じえ》僧正良源《そうじょうりょうげん》（九一二〜九八五）は『法華経』の「無一不成仏《むいつふじょうぶつ》」という一節について「一として成仏せざるもの無し」と読んで、一切衆生だけでなく草木国土のすべてがことごとく成仏できると主張した。それに対して、法相宗の仲算法師《ちゅうざんほっし》（生没年不詳）は「無の一は成仏せず」と読んだ。法相宗は、成仏の可否に関して五種類の衆生があるとする五性格別《ごしょうかくべつ》（二〇五頁参照）の立場を取っており、「五種類のうちの無種性《むしゅしょう》である一種類の衆生は永遠に成仏できない」と論じた。ところが、漢文の句法から見ても、『法華経』の前後関係から見ても、仲算法師の読み方は恣意的なこじつけであり、強引な読み方である。

次に挙げる『法華経』方便品の一節の書き下しの仕方は、恣意的ではなくて誤解である。

是法住法位。世間相常住。

これを日本でどういうふうに読み下してきたかというと、中国の法雲《ほううん》（四六七〜五二九）と吉蔵《きちぞう》（五四九〜六二三）の理解に従って、「法」と「住」の間を区切り、「是《こ》の法、法位に住して世間の相、常住なり」とした。ここで、「住」は動詞と考えられている。意味は、「是の法（真理の教え）は、法のあるべきところに置かれて、〔その法によって〕変転極まりない世間の在り方が常住不変なものとなるのである」と解釈されてきた。この読み方が日本で近年まで一般的であった。

ところが、サンスクリット語の写本が一九世紀にネパールで発見され、それと読み比べてみると、「法」と「住」は区切ってはいけないことが分かる。「法住」は、ダルマ・スティティ（dharma-sthiti）という複合語の訳であった。ダルマが「法」で、スティティは「継続性」を意味し、鳩摩羅什によって「住」と漢訳された。「住」は動詞ではなく名詞だった。だから、「法住」は、「法の継続性」、すなわち「常に存続する理法」という意味だったのである。また、「法位」は、ダルマ・ニヤーマター（dharma-niyāmatā）の訳で、「不変の理法」といった意味である。

従って、先の鳩摩羅什訳の書き下しは、次のように改められる。

是れは法住、法位にして、世間の相、常住なり。

先の書き下しでは、「是」は「法」にかかっていたが、この場合は、「法」と切り離されているので、代名詞の「是れ」が何を指示するのかが問題になる。それは、直前の偈の中の「一乗」と考えるべきであろう。よって、次の意味になる。

これ（一仏乗）は、常に存続する理法であり、不変の理法であって、変転極まりない世間の在り方も実は常住不変なものなのである。

ちなみに、この箇所に相当するサンスクリット原文からの訳は次の通りである。

この覚り――法の継続性（法住）と法の確実性（法位）は、世間において不動で、常住している。（植木訳『法華経』上巻、一二二頁）

こうした勘違いは、『法華経』だけではなく、『維摩経』においても見られる。例えば、鳩摩羅什が、「如前際後際空故中際亦空」と漢訳したところは、これまで次のように書き下されてきた。

前際《ぜんさい》・後際《ごさい》の空《くう》なるが如く、故に中際《ちゅうさい》も亦《また》空なり。

これは、前際（過去）・後際（未来）、および中際（現在）を主語として書き下したものである。ところが、一九九九年に発見されたサンスクリット写本を参照すると、主語はこの前の文章にある地・水・火・風の四大元素であって、「前際」「後際」「中際」は、いずれも主語ではなく、副詞であった。従って、筆者は次のように書き下しを改めた。

前際・後際に空なるが如く、故に中際にも亦空なり。（植木訳『維摩経』三九〇頁）

また、『維摩経』の有名な言葉として語られてきた一節も書き下しの仕方が誤っていたことが分かった。それは、「若菩薩行於非道。是為通達仏道」という一節である。これは、これまで次のように書き下されてきた。

若《も》し菩薩にして非道を行ずれば、是れを仏道に通達すと為《な》す。

漢訳で「行」という文字が動詞として用いられているが、これには「行じる」、「行なう」、

「行く」といった複数の意味がある。「行ずれば」と書き下したのは、「非道」の「道」を「菩薩道」（菩薩としての修行）の「道」と同じと考えたからであろう。

「行」と「菩薩道」という語は、『法華経』常不軽品第二十にも出てくる。その箇所は、鳩摩羅什訳で次のようになっている。

汝等皆行菩薩道……（汝等《なんだち》は皆、菩薩の道《どう》を行じて……）。

これに対応する箇所は、サンスクリット原文では次のようになっている。

sarve hi bhavanto bodhisattva-caryāṃ carantu

サルヴェー・ヒ・バヴァントー（sarve hi bhavanto）が「実にあなたたちのすべては」であり、ボーディサットヴァ・チャルヤーム（bodhisattva-caryāṃ）は、ボーディサットヴァ（bodhisattva、菩薩）とチャルヤー（caryā、行ない、修行）の複合語で、鳩摩羅什は「菩薩道」と漢訳している。チャラントゥ（carantu）は、「行なう」という意味の動詞チャル（√car）の命令形である。チャルヤーもチャラントゥも動詞チャル（√car）の派生語である。従って、筆者はこれを次のように訳した。

あなたがたはすべて、菩薩としての修行（菩薩道）を行ないなさい。（植木訳『法華経』下巻、三六七頁）

それでは、「非道を行ずれば」と書き下されてきた箇所のサンスクリット原文はどうなっているかというと、次の通りである。

agati-gamanaṃ gacchati

三つの単語は、いずれも「行く」という動詞ガム（√gam）の派生語である。アガティ（agati）は女性名詞ガティ（gati-＜√gam＋-ti、道、進路）に否定の接頭辞aを付けたもので、「道に外れていること」という意味になる。中性名詞ガマナ（gamana-＜√gam-＋-ana）は「行くこと」、「進路」を意味する。従って、アガティ・ガマナムは「道に外れている進路」で、これが「非道」と漢訳された。ガッチャティ（gacchati）は動詞ガム（√gam）の現在・三人称・単数である。

従って、筆者は次のように現代語訳した。

菩薩が、道に外れた進路（非道）を行く。（植木訳『維摩経』三四五頁）

このように「行菩薩道」の「行」はチャラントゥ、「道」はチャルヤーでいずれもチャル（√car）、すなわち「行じる」の派生語である。「行於非道」の「行」はガッチャティ、「道」はガマナで、いずれもガム（√gam）、すなわち「行く」の派生語である。『法華経』常不軽品と『維摩経』では、「行」も「道」も文字は同じだが、意味は全く異なっている。これまでの書き下しは、両者を混同したものであった。

さらに言えば、「行於非道」と「行菩薩道」の違いも関係しているかもしれない。前者には場所を示す助詞「於」があるが、後者にはない。チャルヤー（行ない）が「場所」にかかわるものではないのに対して、ガマナ（進路）は「場所」にかかわるものである。鳩摩羅什は、その違いを意識して漢訳していたのかもしれない。

以上のことから、「非道を行ずれば」という書き下しを筆者は次のように改めた。

若し菩薩にして非道を行かば、是れを仏道に通達すと為す。（植木訳『維摩経』三四四頁）

これに対応するサンスクリット原文の現代語訳は次の通りである。

菩薩が、道に外れた進路（非道）を行く時、その時、菩薩はブッダの（説かれた）真理の教えにおいて（通達して）道を行く（という）のです。（植木訳『維摩経』三四五頁）

在家のシンガーラという男性に対して説かれた原始仏典『シンガーラへの教え』にも、「非道を行く」という表現が次のように用いられていることも指摘しておこう。

貪欲により、瞋《いか》りにより、迷いにより、恐怖によって非道を行くが故に、人は悪い行ないをなすのである。

以上、ここに挙げた例のいずれも、鳩摩羅什の漢訳が間違っていたわけではない。そして、漢文の読み方としては可能ではあるが、サンスクリット写本に遡ってみると、日本での書き下し方は誤っていたのである。

中村先生は、漢訳仏典を読むときは、サンスクリット原典のあるものは必ずそれを参照するようにと、いつも話されていた。特に、七〇〇年ごろと推定されるシャーンティ・デーヴァ（寂天《じゃくてん》）が書いた『ボーディチャリヤーヴァターラ』（覚りへの行ないの入門）の漢訳『菩《ぼ》提行経《だいぎょうきょう》』を中村先生と講読したときは、それを強調されていた。サンスクリット原文に合わせて韻文からなる漢訳は、文字数の制約から、あまりにも言葉を削りすぎた訳になってい て、何を言いたいのか読み取れない。サンスクリットの韻文と比べてやっと意味が読み取れるのである。

漢文の読み方の誤りの例をもう一つ挙げよう。前述のように、「説一切有部《せついっさいうぶ》」という部派があった。「一切は有《う》であり、存在している」と主張する学派である。そのキャッチフレーズは、「三世《さんぜ》実有《じつう》法体《ほったい》恒有《ごうう》」であり、「三世に実有なる法体は恒《つね》に有なり」と読むべきである。ところが日本で、これを「三世は実有にして法体は恒に有なり」と読み替えた人がいた。三世というのは過去・未来・現在のことである。「三世は実有にして……」となると、ぜんぜん意味が違ってくる。「過去・未来・現在において実際に存在し続けている法の体、ものごとが恒に存在している」というように、「法の体」の修飾語であった一節を、「過去・未来・現在は実有である」、つまり「過去は存在しているし、未来も存在しているし、現在も存在しているのだ」と独立した文章にしてしまったのである。こういったところから仏教の時間論を論じた人がいるが、これは甚だしい誤解である。

よくよく考えてみよう。過去も未来も存在しない(実有ではない)。過去といっても「現在」の記憶としてあり、未来というのも「現在」における予測としてある。あるのは、「永遠の現在」である。

あるいは、漢訳仏典の恣意的な解釈もしばしば行なわれた。それは、ストーリー全体から論じたものではなく、一字一字を区切ったり、一句を拾い出したりしての解釈である。その代表的なものが、道元《どうげん》（一二〇〇〜五三）の「有時《うじ》」の読み方である。これは、本来は「有る時」と読むところであり、英語で言えば、once upon a time か one day である。道元は『正法眼蔵《しょうぼうげんぞう》』有時の巻でその言葉に対して、「時すでにこれ有《う》なり、有はみな時なり」と意義付けした。確かに「有」というのは、バヴァ（bhava）の訳として、「存在」という意味で用いられることがある。ただ、もとの文章中の「有時」の箇所を「有はみな時なり」と読んでしまうと、その文章の前後関係はまったくつながらない。ところが道元は、その二文字だけを取り出して、「時すでにこれ有なり、有はみな時なり」と解して、「有」と「時」が密接不可分であるとする時間論を展開した。その時間論は面白い。角田泰隆《つのだやすたか》氏の言葉を借りれば、次のように要約されよう。

通常は、次のように考える。「私」がこの「世界」の中で「生きている」、そこに「時間」の経過がある、と。しかし道元禅師は、「私」と「生きている」ということと「時間」と「世界」はみな一つのことであると言っていると思われる。それが事実であると。私以外に世界はなく、世界以外に時間はなく、時間があるということは、私が生きる、生きているということであると言う。（「道元禅師の時間論——『正法眼蔵』「有時」を中心

にして」『駒澤短期大学佛教論集』第七号、二〇〇一年一〇月）

ハイデッガーの『存在と時間』が、まさに「有と時」に対応するとして、よく比較して論じられている。けれども、もともとの仏典の「有時」から、「時すでにこれ有なり、有はみな時なり」とするのは無理な読み方である。ただ、そのような読み方をしたその後の展開は、面白いものではあった。

このように、漢訳仏典の一部分を取り出してきて、自分の主張したいことをそれに織り込んで展開していくということが、日本ではよくなされた。

同じく道元は、『涅槃経』師子吼《ししく》菩薩品の「悉有仏性《しつうぶっしょう》」という言葉も読み替えている。もともとは「（一切衆生に）悉《ことごと》く仏性が有る」という意味だったが、道元は、『正法眼蔵』仏性の巻で「悉有は仏性なり」、すなわち「あらゆる存在は仏性である」と読んだ。生き物の「衆生」に限られていたのが、生き物以外のものにまで拡大された。主張している内容はいいことだけれども、それを言いたければ、何もこの言葉から論じなくてもいいのではないかという思いがつきまとう。

あるいは、中村先生は、「備施等衆生行也」という一節の親鸞《しんらん》（一一七三〜一二六二）の読み方を論じておられる。これは「施等の衆生行を備うるなり」（布施などの衆生の行ないを備えているのだ）と読むべきところだが、親鸞は「備《つぶ》さに等しく衆生に行を施したまえるなり」（漏れることなく平等に衆生に対して行ないを施されるのだ）と読み替えている。漢文の規則からは、こんな読み方はできない。この漢文の読み下し方は、文法的には間違いで、漢字を適当につなげて都合よく読み替えている。そのことは、浄土真宗の学者、香月院深励《こうげついんじんれい》（一七四九〜一八一七）がすでに次のように認めていることである。

すべて吾祖の御引文がすぐに御自釈なり。御自身の勝手のよいやうに点をつけかへ、其の所の間にあふ様に読むなり。（『教行信証《きょうぎょうしんしょう》講義』仏教大系本、一三三四頁）

日蓮の読み替え

日蓮《にちれん》（一二二二〜八二）の場合も見てみよう。『法華経』寿量品《じゅりょうぼん》の中に五一〇文字からなる韻文（詩）がある。それは「自我」の二文字で始まる偈（詩句）であることから、「自我偈《じがげ》」と呼ばれている。それは「自我得仏来《じがとくぶつらい》　所経諸劫数《しょきょうしょこつしゅ》　無量百千万《むりょうひゃくせんまん》　億載阿僧祇《おくさいあそうぎ》」に始まって、四七〇文字を挟んで、「毎自作是念《まいじさぜねん》　以何令衆生《いがりょうしゅじょう》　得入無上道《とくにゅうむじょうどう》　速成就仏身《そくじょうじゅぶっしん》」で終わっている。この「自我偈」の最初と最後の文字に日蓮は注目した。そして、「自とは始《はじめ》なり。速成就仏身の身は終りなり。始終自身なり」と論じた。自我偈は、「自」という文字で始まり、「身」という文字で終わっている。だから、この偈では、始終、自身のことが説かれていると結論付けているのである。「最初から最後まで一貫して、この寿量品の自我偈には自分自身のことが説かれています。ほかのだれかのことではありません。あなた自身のことであり、皆さんのことであり、私のことですよ」というふうに展開したのだ。

さらに日蓮は、「自――身」という構造の四字熟語「自受用身《じじゅゆうしん》」と対応させて、「自」と「身」に挟まれた自我偈の五〇八文字が「受用」にあたるとして、自我偈には「自身」に具わる「法」を「受け用いる」ことが説かれていると強調し、その「自受用身」に「ほしいままにうけもちいるみ」とルビを振っている。「自由自在に法の楽しみを自ら受け用いることができる身」ということだ。

この五一〇文字からなる自我偈では、釈尊自身が、「私が仏になって以来、もう天文学的な時間がたっています。それ以来、私はいろいろな仏土に出現して、かくかくしかじかのことをやってきました」という話が展開されている。自ら覚った法をいかに受け用いてきたかが書かれている。それを日蓮は、「ここに説かれていることは、釈尊のことだけではなく、実は皆さんのことであり、最初から最後まで自分自身のことですよ」と主張したわけである。主張は大変に素晴らしいもので、よくここまで展開したなあと感動すら覚える。ただ、何もここから「始終自身なり」と持ってこなくてもいいのではないかという思いは残る。悪い言葉で言えば、語呂《ごろ》合わせなのだが、それを通して言っている内容は素晴らしい。

漢文の規則からすれば、最初の「自」という文字は、自分自身のことではない。法政大学の日中文化研究会で、本書に書いていることを話すことになり、発表の前に王敏《わんみん》先生の研究室を訪れた。テーブルに置いてあった中国語の新聞を眺めていたら、「自１８４０年」という文字が目に入った。これは「１８４０年より」という意味である。筆者は、王敏先生に、

「きょう話そうとしていることが、この新聞に出ています」と話しながら、発表の会場に向かった。

この「自我得仏来」の「自」は、英語の from である。「自我得仏来」とは「我れ仏を得て自《よ》り来《このかた》」なのである。英語で言えば、from my attaining Buddhahood である。「私がブッダになってより」であって、フロム（from）なのだ。決して自分自身のことではない。日蓮は、そんなことは分かっていて、あえてこういう展開をしたのであろう。この言葉を日蓮のものとすることを疑問視する人もあるようだが、日本の仏教の特質を論ずる上では問題外である。こういう展開が日本ではよく見られる。その点では、中国と似ていると言っていいであろう。日本では、それがさらに顕著になったという感がある。

日蓮の時間論

道元の時間論や、日蓮の言葉に触れたついでに、日蓮の時間論と思われるところを紹介しておこう。それは、『法華経』寿量品第十六の「我《が》実成仏已来無量無辺《じつじょうぶついらいむりょうむへん》」の一節について論じたところである。

これは、『法華経』のストーリーの中では、「我れ実に成仏してより已来《このかた》、無量無辺なり」と読み下され、「私が成仏してから無量無辺の天文学的時間が過ぎ去った」という意味である。

ところが、日蓮はここに用いられている一つひとつの漢字に次のような意味を付与する（漢訳との対応を考えて、それぞれの漢字が行頭にくるように配列した）。

我とは法界《ほうかい》の衆生なり、十界己己《じっかいおのおの》を指して我と云《い》うなり、
実とは無作三身《むささんじん》の仏なりと定めたり、此《こ》れを実と云うなり、
成とは能成所成《のうじょうしょじょう》なり、成は開く義なり、法界無作の三身の仏なりと開きたり、
仏とは此れを覚知するを云うなり、
已とは過去なり、
来とは未来なり、
已来の言の中に現在は有るなり。
我れ**実**《じつ》と**成**《ひら》けたる**仏**にして、**已**も**来**も**無量**なり**無辺**なり。（『昭和定本日蓮聖人遺文』二、六六三頁、『日蓮大聖人御書全集』七五三頁）

「我」というのは全宇宙（法界）に存在する衆生のことであり、地獄・餓鬼・畜生・修羅《しゅら》・人《にん》・天・声聞《しょうもん》・独覚《どっかく》・菩薩・仏の十界おのおのの衆生を指して「我」と言うのだ。次の「実」というのは、その「法界の衆生」、あるいは「十界己己」が本来あるがままの仏（無作三身の仏）であるということが生命の真実であるということだ。すなわち、寿量品で明かされる如来とは、われわれのことであり、われわれこそがその主人公であるということを一貫して主張している。

次の「成」という文字について「成は開く義なり」とし、「なる」ではなく「開く」と読み替えている。「なる」では現在の自己を全否定して別のものになるという意味になるが、「開く」は現在の自己を全否定するのではなく、自己に秘められたものを開き現わすという意味になる。

そのように読み方を替えて、「法界無作の三身の仏なりと開きたり」と言っている。全宇宙が、あるいは小宇宙とも言うべき自己の生命が、無作の三身の仏であると開く、ということだ。とすると、成《ひら》く者（能成《のうじょう》）はわれわれ自身であり、成《ひら》かれるもの（所成《しょじょう》）は「無作の三身の仏」ということだ。「三身」の説明が煩雑なので、以下「無作の仏」ですませることにする。無作とは「はたらかさず・つくろわず・もとの儘《まま》」ということだから、「無作の仏」とは三十二相といった特殊な姿を具えるような荘厳身《しょうごんしん》ではなく、執着や妄想を離れた凡夫のあるがまま（真如《しんにょ》）の仏ということであろう。現在の自己に即して、凡夫のままで成仏するというのだ。

「無作の仏」といっても、それは自己に「成《ひら》く」べきものとしてあるのだから、「仏」というのは、それを成《ひら》いて覚知した人のことを言うのである。だから、「仏とは此れを覚知するを云うなり」である。仏であるか、衆生であるかという違いは、それを覚知しているか、していないかという違いがあるだけである。それは、サンスクリット語のブッダが「目覚めた〔人〕」という意味だったことに通じている。

「ブッダ」とは、「目覚めた人」、「覚った人」、「覚者」ということであって、釈尊の固有名詞ではなかった。普通名詞だった。しかも、原始仏典ではしばしば複数形で用いられている。釈尊のみを特別扱いしていなかった。目覚めれば、だれでもブッダ（仏陀）であった。

そして、以上のことを踏まえて、「已とは過去なり、来とは未来なり、已来の言の中に現在は有るなり」として、ここから時間論が展開される。「已」というのは、「すでに」と読み、すんでしまったことであって過去を意味する。「来」というのは、これから来ることであって、未来を意味する。この一節に示される時間論は、過去といい、未来といっても、現在のことにすぎないということである。

時間といっても、今現在しかない。過去といい、未来といったって、観念の産物である。過去といったって、過去についての「現在」における記憶であり、未来といっても、未来についての「現在」における予想でしかない。所詮、現在である。その意味で、過去といい、未来といっても、現在を抜きにしてはあり得ない。

已も来も無量無辺

こうした時間論を踏まえた上で、我が身を「無作の仏」と覚知したときのことを、「我れ実と成《ひら》けたる仏にして、已も来も無量なり無辺なり」と結論されている。この読み方と、これまでの、「我れ実に成仏してより已来《このかた》、無量無辺なり」という読み方とを比べると、違いが明らかである。両方とも、漢字だけを順に拾って読むと、「我実成仏已来無量無辺」となって同じだが、後者のほうは、成仏したのは遥かな過去であって、時間的に現在とは大きな隔たりがある。前者は、現在の瞬間において我が身を無作の仏と成《ひら》くことにより、過去と未来の意味が、現在の瞬間において無量無辺に開けてくる、瞬間即永遠と開けてくる、というような意味になる。

過去の一時点ととらえる考えは、因果を時間的に隔たったものとしてとらえる因果異時《いんがいじ》の発想である。これだと、因が劣り果が勝れているという前提で、因から果を目指すということになり、現在の凡夫としての自分を否定して、未来に特別な存在になるということで、現在という時点の意義が薄れてしまうことになる。それに対して、日蓮の考えは因果倶時《ぐじ》であり、時間的隔たりの中で因果をとらえず、現在という瞬間において因果をとらえるので、現在という瞬間こそが重要な意味を持ってくることになる。

「我れ実《じつ》と成《ひら》けたる仏」が立っているところは、今現在である。それは、現在の瞬間に生命の本源たる久遠《くおん》を開いていることである。その現在の生命は、時間的に過去と未来を含んでいるわけで、現在における歓喜の充満と、意味の輝きで、過去（已）と未来（来）が「無量無辺」に開けてくるのだ。

「無量無辺」とは、時間的な観点から言えば、「瞬間即永遠」ということになる。空間的な観点から言えば、「宇宙即我」「自己の宇宙的拡大」ということと言ってもかまわないと思う。

以上述べてきたように、時間というのは、実は今現在しか実在しない。瞬間、瞬間が、常に「今」の連続である。それなのに、無明《むみょう》によって妄想や執着が生まれ、時間の観念が形成される。そして、今現在の重みに気付かずに、過去や未来にとらわれてしまいがちである。過去に辛《つら》く忌わしい経験をして、それを忘れることのできない人は、過去を引きずるように過去に囚われながら「現在」を生きてしまうことになる。あるいは、「現在」をいい加減に生きながら、未来に夢想を追い求めている人もいる。あるいは、過去の栄光に酔いしれて「現在」を生きている人もいる。いずれにしても、妄想に生きていることに変わりはない。

日蓮が言うのは、今現在という瞬間に、生命の本源としての無作の仏の生命を成《ひら》き、智慧を輝かせる。そこに、瞬間が永遠に開かれるということだと思う。

哲学者の三木清《みききよし》（一八九七〜一九四五）が、一九一七年に「友情——向陵《こうりょう》生活回顧の一節」と題する小文の末尾に記した次の言葉は示唆に富んでいる。

現在は力であり、未来は理想である。記録された過去は形骸に過ぎないものであらうが、我々の意識の中にある現実の過去は、現在の努力によつて刻々に変化しつつある過去である。一瞬の現在に無限の過去を生かし、無限の未来の光を注ぐことによつて、一瞬の現在はやがて永遠となるべきものである。

原始仏典の『マッジマ・ニカーヤ』においても、釈尊は現在の重要性を次のように語っている。

過去を追わざれ。未来を願わざれ。およそ過ぎ去ったものは、すでに捨てられたのである。また未来は未だ到達していない。そして現在のことがらを、各々の処《ところ》においてよく観察し、揺らぐことなく、また動ずることなく、それを知った人は、その境地を増大せしめよ。ただ今日まさに為すべきことを熱心になせ。(中村元訳)

このように、仏教が志向したのは、〈永遠の今〉である現在の瞬間であり、そこに無作の仏の命をいかに開き、顕現するかということだったということを日蓮は主張しているのであろう。

以上のことを踏まえると、成仏とは、この「我が身」を離れることではなく、今自分がいる「ここ」を離れるものでもない。要するに、「今」、「ここ」にいる「我が身」に無作の仏を開き、具現するということである。

以上が日蓮の時間論の一端であるが、これも読み替えによる実り豊かな結果である。

ここに道元と日蓮の時間論を見てきたが、中村先生は、「インド思想史」の講義でカーラ・ヴァーディンという時間論者に言及された折、「道元の時間論は永遠性を見ているが、歴史性がない。それに対して、日蓮の時間論には歴史性があります」と話されたことがあった。確かに日蓮の場合は、永遠性に根ざしつつも「法華経の行者」として現実へのかかわりを重視する歴史的な時間意識があったといえよう。

第四章　日中印の比較文化

日本語になったサンスクリット語

日本に仏教が伝来して約一五〇〇年、仏教は日本文化に陰に陽に影響を与えてきた。それは、知らず知らずのうちに日本語化したサンスクリット語を私たちが使用していることにも見て取れよう。

擦《す》り傷のあとにできる瘡蓋《かさぶた》の「かさ」はサンスクリットのカサ（khasa）であり、「あばたも笑くぼ」の「あばた」はアルブダ（arbuda）、あるいはアッブダ（abbuda）、斑模様の「まだら」はマンダラ（maṇḍala）、仏前に供える水の閼伽《あか》はアルガ（argha）といった具合である。後に、花代《はなだい》の「はな」が、お金を意味するサンスクリットのパナ（paṇa）のことだと述べるが、古代の日本では、サンスクリットの「パ」の音を「は」と表記し、「は」を「パ」と発音していた。瓦《かわら》もサンスクリットのカパーラ（kapāla）を音写したものだ。これも「かはら」と書いて「カパラ」と発音していたのであろう。「かはら」が現在では「かわら」となった。

すし屋に行くと米のご飯のことを「しゃり」と言う。空海《くうかい》（七七四〜八三五）は、その理由について『秘蔵記《ひぞうき》』に「天竺に米粒を呼んで舎利と為《な》す。仏舎利《ぶつしゃり》も亦《また》米粒に似る。是の故に舎利と曰《い》う」と記している。『秘蔵記』は、空海が唐に留学中に記録した備忘録のようなもので、当時の中国では、舎利が米を意味する理由として、サンスクリットのシャーリ（śāli、舎利）が米であることと、シャリーラ（śarīra、舎利羅）の複数形が骨を意味し、その形状が米と似ていることの二つが挙げられていたことが分かる。わが国では、後者の理由が有力である。

釈尊が亡くなった後、八人の王たちによって遺骨（仏舎利）が八つに分配されて、ストゥーパ（塔）に安置された。その仏舎利はさらに細かく砕かれて、各方面に分けられ、日本にも届いたことになっている。その色や形状が米粒に似ていたことから、米や米飯が舎利と呼ばれるようになった。さらにまた、小石も音が濁って「じゃり」と言われ、漢字で「砂利」と書くようになった。

インドに牛乳から作ったサルピス（sarpis）という飲み物がある。それを聞いた日本の清涼飲料の会社の人が「カルシウムがいっぱいのサルピス」ということで、ある清涼飲料を考え付き、その商品名となった。

京都の祇園《ぎおん》という地名もサンスクリットから来ているが、それについては後に述べる。沖縄に南風原《はえばる》という地名がある。南風と書いて「はえ」と読み、その風が吹くと、沖縄だけではなく各地の漁師たちは天候の変化の予兆として警戒する。江戸時代中期の政治家で博識の学者であった新井白石《あらいはくせき》（一六五七〜一七二五）は、語源研究書『東雅《とうが》』（一七一九年）に「梵語の此間《このかん》の語となりし例。其一二《そのいちに》をこゝに挙《あげ》つべし。たとへば（中略）水をアカといひ。南風をハエといひ」と記している。その「はえ」となった梵語（サンスクリット語）はヴァーユ（vāyu）であろう。それは風のことで、南から吹く風とは限っていない。インドを出発し南風に乗って船で日本まで来た人が、「ヴァーユに乗って船で来た」とでも言ったのであろう。その人は、単純に「風に乗って」と言ったつもりだったけれども、聞いた人が「南方から来たのだからヴァーユは南から吹く風だろう」と理解したのであろう。中国の法顕《ほっけん》が、五世紀にインドまでシルクロードを通って行ったが、帰りは海路で戻っていることを考えると、〝海のシルクロード〟の往来も結構盛んであった。陸路と海路を経て、日本にもインドの文化は伝わってきた。筆者が、沖縄県久《く》米《め》島《じま》出身の友人の写真をインドの友人に見せたら、何のためらいもなく「インド人でしょ」と言われた。沖縄の家屋の門や屋根に魔よけのために据え付けられているシーサーは、サンスクリット語のシンハ（siṃha）からきていると言われる。

香川県琴平町《ことひらちょう》の金刀《こと》比羅《ひら》宮《ぐう》の金刀比羅は金比羅《こんぴら》の当て字である。金比羅は、サンスクリットのクンビーラ（kumbhīra）を音写したもので、クンビーラはガンジス河に生息するワニのことである。インドの動物が日本の神にまでなったのだ。そんなことを言えば、弁才天もインドのサラスヴァティー（sarasvatī）という河の女神であったし、大黒天もインドのマハーカーラ（mahā-kāla）、歓喜《かんぎ》天《てん》も頭が象で体が人間の姿をしたガネーシャ（gaṇeśa）であった。インドの神々は、想像以上に日本に溶け込んでいるのだ。

インド・中国から来たコスモポリタンたち

今日、雅楽として宮中に伝わる林邑楽《りんゆうがく》もインドからもたらされたものだ。それは、東大寺の大仏開眼供養（七五二年）で導師を務めたインド人の僧菩提僊那《ぼだいせんな》（bodhisena）とともに七三六年に来日したヴェトナム人の僧仏哲《ぶってつ》らがもたらしたインド系の楽舞である。大仏に奉納された伎楽《ぎがく》（仮面をつけて演じられる無言劇）で使用した面などは、正倉院《しょうそういん》宝物として保存されている。

大仏開眼供養が行なわれた翌年（七五三年）、中国の揚州《ようしゅう》から鑑真和上《がんじんわじょう》（六八八～七六三）が、五度の渡航失敗を経て、失明してまで日本にやってきた。そして東大寺に戒壇を建立し、日本に授戒制度を整えた。鑑真和上の功績は、それだけにとどまらない。初めて『摩訶止観《まかしかん》』などの天台大師の著作をわが国にもたらしたことが挙げられる。経蔵に保管されたままであったが、それに注目したのが伝教大師最澄（七六七～八二二）であった。その後の道元、日蓮をはじめとする鎌倉仏教の祖師たちは、最澄の開いた比叡山《ひえいざん》と無縁ではなく、『摩訶止観』などの影響を思うとき、日本文化に及ぼした鑑真和上の役割は大きなものがある。

菩提僊那や鑑真和上が危険をも顧みず異国の地に仏教を伝えようとした理由は何だったのか。その答えは、鑑真和上が建立した唐招提寺《とうしょうだいじ》の名前に見ることができる。中村先生によると、唐招提寺の「唐」の字は、鑑真和上が唐の国から来たことを示し、「招提」はサンスクリット語の「チャートゥル・ディシャ」、パーリ語の「チャートゥ・ディサ」を音写したものだという。「チャートゥル」（チャートゥ）はフランス語の「キャトゥル」と語源が同じで

「四」を意味し、「ディシャ」（ディサ）は「方向」で、合わせて「四方」、すなわち「あらゆる方角」を意味している。それは、「四方の人」ということであり、「世界をわが家とする人」のことだ。従って中村先生は、「『招提』という文字にはコスモポリタン（世界主義者、国際人）という意味が込められている」と話されていた。

現代から見れば交通機関も不便な時代に、今よりも遥かにコスモポリタンとして生きた人たちがいたことに感銘を覚える。

説話文学への影響

インドの説話文学とも言うべき『ジャータカ』が、多少形を変えてはいるが『今昔物語集《こんじゃくものがたりしゅう》』天竺部に収録されている。その中でよく知られているものは、月に行った兎《うさぎ》の話であろう。それは、「今は昔、天竺に兎・狐・猿、三《みつ》の獣有《あり》て、共に誠の心を発《おこ》して菩薩の道《どう》を行ひけり」と書き出されている。三匹の志を試そうと、帝釈天《たいしゃくてん》が弱々しい老人の姿に変えて現われ、「身寄りがなく貧しい私を養ってくれ」と三匹に頼む。

三匹は喜んで引き受け、猿は木に登り、栗・柿・梨などの木の実を取り、里に出ては、瓜・茄子《なす》などを取ってきて、老人に食べさせた。狐は墓小屋の辺りに行き、供え物の餅やご飯、魚介類を取ってきて思うままに食べさせたので、老人はすっかり満腹になった。

老人は満足して猿と狐に言った。「お前たち二匹は本当に哀れみ深い。すでに菩薩と言っても過言ではあるまい」と。それを聞いて、兎は一所懸命に探し歩いたが、目的のものが見つからない。猿や狐、老人までもが、兎を嘲《あざけ》り笑った。

兎はある決意を胸に、老人に言った。

「おいしい食事を探してきます。火を起こして待っていて下さい」

猿が枯れ木を拾い集め、狐がそれに火を付けて待っていると、兎が手ぶらで戻ってきた。猿と狐はこの様を見て憤慨し、兎をなじった。

兎は、「このわたしの身をお食べ下さい」と言うと、火の中に跳びこんだ。老人は、帝釈天の姿に戻ると、すべての生き物に兎の行動を見せるため、焼け死んだ兎の姿を月の中に移した。月の中に兎がいるというのはこの兎のことである。すべての人は月を見るたびにこの兎の行動を思い出すべきである——要約すると、以上のような話である。

インド人たちは月には兎が住んでいると考えていた。それが仏教に取り入れられ、菩薩の行ないの物語としてアレンジされ、それが日本にまで伝えられたわけだ。この話を基に、サンスクリット語で兎と月を意味する語が次のようにして造られた。「跳びはねる」という動詞シャシュ（√śaś）に行為者名詞を造る接尾辞 -a をつけてシャシャ（śaśa）となり、「飛び跳ねるもの」すなわち「兎」となる。そのシャシャ（śaśa）に「〜を持つ〔もの〕」という名詞・形容詞を造る接尾辞 -in をつけてシャシン（śaśin）。意味は「兎を持つもの」、すなわち「月」ということだ。

サンスクリットには、月を意味する語はたくさんある。最もオーソドックスなのがチャンドラ（candra）で、「輝くもの」からきている。「滴《しずく》」を意味するソーマ（soma）とインドゥ（indu）はいずれも「空に浮かぶ滴」という意味で月を意味する。このほか、「夜を生ずるもの」という意味のラジャニー・カラ（rajani-kara）とニシャー・カラ（niśā-kara）、「夜の主」という意味のニシャー・パティ（niśā-pati）、「夜の宝石」という意味のラートリ・マニ（rātri-maṇi）などがあるが、以下は省略する。「もの」の属性が名詞に転ずるのである。

シャシンは、説話から造られた名詞だが、こうした名詞造語法はサンスクリットでは頻繁に見られる。「ヴリトラを殺すもの」という意味のヴリトラ・ハン（vṛtra-han）は、古代インドの聖典『リグ・ヴェーダ』において、インドラ神（帝釈天）がヴリトラ（vṛtra）という悪魔を退治することから、インドラ神の別名となった。

こうした造語法によってボキャブラリーが豊富になり、サンスクリット文学に表現の豊かさがもたらされていると言えよう。

ところが、中国では仏教が伝わる前には、月には蝦蟇《がま》がいると考えられていた。『淮南子《えなんじ》』によると、もと仙女だった嫦娥《じょうが》が、夫の后羿《こうげい》が西王母《せいおうぼ》からもらった不死の薬を盗んで飲み、月に逃げて蝦蟇になったというものだ。中国では、仏教伝来以後、一部では兎が蝦蟇に取って代わった。二〇〇三年に始まった中国の月探査計画は、嫦娥計画と名づけられている。中国では嫦娥伝説も根強いようだ。

国家に対する態度からの比較

五三八年、欽明《きんめい》天皇の時代に百済《くだら》の聖明王《せいめいおう》の使者によって金銅の釈迦如来像や経典、仏具などが献上され、日本に仏教が伝来した。日本の仏教は、その出発点から鎮護国家の思想が支配的であった。国家に対する態度からインドと中国と日本の比較を試みてみよう。

中村先生は、常々、インド仏教では、国王を泥棒と同列に見ていたという話をされていた。国王をあまり尊敬していないのである。なぜ泥棒と同列に見ていたかというと、泥棒が非合法的に人の物を持って行ってしまう一方、国王は税金という形で合法的に人の物を持って行ってしまう。人の物を取り上げるという意味で、両者に共通しているとして、国王をあまり尊敬していない。仏教の考えは社会契約説である。人類が生まれて、人の集団ができ、次第に社会ができた。そこにおいて悪い人が出てくるから治安を守るためにだれかを選んで任せる。それが、たまたま国王である。そういう考えである。

原始仏典の『マハー・パリニッバーナ・スッタンタ』（中村元訳『ブッダ最後の旅』一一頁）によると、ヴァッジ国では、釈尊のころから共和制によって政治を行なっていたことが知られている。僧肇《そうじょう》撰『注維摩詰経』に、「彼《か》の国に王無し。唯《ただ》、五百の居士《こじ》、共に国政を治む。今、主と言うは衆《しゅ》の推《お》す所なり」とあり、この注釈からすると、合議制で国が運営され、国主は選挙で選ばれるということが行なわれていたようである。釈尊はそのことを賛嘆していたようだ。

アジャータシャトル（阿闍世《あじゃせ》）という王が、このヴァッジ族を攻撃したいと言ったとき、釈尊は弟子に、「あの国では、会議を開きよく話し合いをしてものごとを決めているか」と尋ねた。弟子が「その通りです」と答える。釈尊はさらに、「お年寄りを大切にして、彼らの意見に耳を傾けている」、「女性を暴力によって連れてきて一緒に住まわせることをしない」――といった、ヴァッジ族のいい点を一つひとつ挙げて、「それ故に、こういう国はなかなか滅ぼすことはできない」と言って、アジャータシャトル王に侵略することをやめさせた。こうした話が、原始仏典の『マハー・パリニッバーナ・スッタンタ』に出ている。ということは、釈尊は共和制を重視していたことがうかがえる。

あるいはアショーカ（阿育《あいく》）という王（在位、紀元前二六八〜前二三二ごろ）が、釈尊が亡くなって約一〇〇年たった紀元前三世紀に登場する。この人は仏教に帰依し、「ダルマ（法）による統治」と言って、法に基づく政治を行なっていた。この人は、「国王といえども一切衆生の恩を受けている。政治はその報恩のために行なわれるべきである」と言っていた。今の政治家に聞かせたい言葉である。アショーカ王の「ダルマによる統治」という政治理念から見ても、仏教を尊重していたのであり、決して仏教を低く見るようなことはなかった。

ナーガールジュナ（龍樹）は、『宝行王正論《ほうぎょうおうしょうろん》』を著わしているが、その副題に「王への教訓」とあるように仏教の慈悲の思想を政治に反映して、社会福祉、社会的弱者への減税、資産の平等などを実現するよう、国王を指導する立場を堅持していた。

特に非常事態が発生したときには、「災厄、凶作、災害、流行病などで荒廃した国にあっては、世の人びとを救済するのに寛大であってください」と述べ、種子の配給による農産業の復興、食糧の分配、税金の免除、盗賊の取り締まり、資産の平等な取り扱い、便乗値上げの取り締まりなどの具体的救済策を挙げて国民生活の安定化を図るように指導している。しかも、為政者は自分の「名誉のため」「欲望のため」に政治にかかわることを厳しく戒めている。国民そっちのけのパフォーマンスやスタンドプレーであってはならないということである。

中国には天命説があり、帝王は「天の子」として民間信仰の神々より上位と見なされ、天命を受けた帝王に民衆は服従すべきものとされた。それは、一切衆生の平等や慈悲を説く仏教とは相対立するもので、中国での仏教の展開は将来の矛盾・対立をはらんで始まった。

当初、仏教は世間の外にある教えとされ、後漢（二五～二二〇年）以来、三国時代（二二〇～二八〇年）、東晋（三一七～四二〇年）の時代にはインド人出家者や、西域に法を求めて帰国した出家者たちは、「王者の師」を自認し、王者たちもその教えを受けていた。

ところが、東晋の時代、インドから来た竺法深《じくほうしん》が宮中で講義をし、三代の王者がその下に位置するという事態を目《ま》の当たりにして、第三代、成帝《せいてい》（在位、三二五～三四二）の摂政《せっしょう》であった庾冰《ゆひょう》が、これを問題にした。「僧侶も人臣であり、王者を敬うべきであって、王者は乞食僧の下に位置するべきではない」と。この意見は、反対意見に抑えられて、一時はおさまった。

この問題が再燃したのは、時の権力者、桓玄《かんげん》（三六九〜四〇四）が庾冰の論を持ち出したことによってであった。それに対して廬《ろ》山《ざん》の慧《え》遠《おん》（三三四〜四一六）は、『沙門不敬王者論《しゃもんふけいおうじゃろん》』を著わして反論した。この論によって、桓玄の思惑をくじき、仏教教団はインドと同様に国家権力の支配の外に置かれる状態を維持することができた。

ただし、「沙門は王者を敬わず」という在り方が維持できたのは南北朝（四三九〜五八九年）の時代までで、唐（六一八〜九〇七年）の時代の初めにはこの問題が再燃し、強大な王権に仏教は劣勢に立たされ、北宋（九六〇〜一一二七年）の初めには従属させられることになる。

中国では、宗教が国家に従属させられるようになっても、「沙門は王者を敬わず」の言葉の通り、決して仏教者たちは、国家に従属して、国家のために積極的に働こうというようなことはなかったようだ。ところが日本の仏教は、最初から国家のためという鎮護国家の思想で始まった。ここが、インドや中国と、日本との大きな違いである。

仏教受容の仕方から見た日本人の国民性

次に仏教受容の仕方から、日本人の国民性を見てみよう。

中村先生は、日本ではまず帰属する集団、所属する集団や組織が優先され、自己の自覚に乏しいということがあるのではないかと論じておられた。第一章で述べたように、本来の仏教の目指したことは、「真の自己」に目覚めることであったが、わが国では、その点は最も遠かったのではないかとすら思えてくる。

多くの仏教用語が、この「所属する集団や組織が優先」という枠組みの中で受容されている。例えば「義理」という言葉は、サンスクリット語のアルタ（artha）で、「ものごとの正しい筋道」という意味である。あるいは「人の行なうべき正しい道」、あるいは「道理」という意味である。ところが、これが日本では「目上の人に対する義務」という意味で用いられている。「あの人に義理を欠いてしまった」というのは、帰属する集団で自分がお世話になった目上の人に対して言う言葉である。

あるいは「人情」という言葉は、「人間として自然に表出される感情」という程度の意味である。これが、日本では「他人に対する情け」というふうに変わってしまう。「諦《あきら》める」という言葉、これは「真理を明らかに見る」という意味である。ところが、「帰属する集団で自分の目上の人、あるいは自分より立場が上の人の意思に反するとき、自分の目標を断念する」という意味で用いられることが多い。

あるいは「原因・結果」を意味する「因果」は、明らかにされるものである。ところが日本では「因果を〝含める〟」という言い方になって、「自分の同期や目上の人の意向を伝えて、あの人がこうこう言っているから、お前はこれは止《や》めておいたほうがいいのではないか」という意味になってしまう。本来、論理的な因果関係だったのが、その人が所属する集団における上下関係において意味づけされていることが読み取れる。

日本において個人は集団の中に埋没しやすい。だから個人を評価するときには、個人の人格や、その人がどういう人かではなくて、その人がどこに所属しているのか、どういう立場なのか、肩書は何なのかということが最優先になっている。そういうところからは、独創性はなかなか受け容れられない。

富永仲基の独創性

すでに述べたように、ほとんどすべての経典は、「如是我聞《にょぜがもん》」(このように私は聞いた)という言葉で始まっていて、日本の仏教者たちは経典を、釈尊が説かれたことを直接聞いて書き残したものだという大前提のもとで読んできた。

そのような読み方は、中国で始まった。二世紀半ばに中国に仏教が伝来し、初めは翻訳することで精いっぱいだったが、翻訳の段階が一段落して、五世紀ごろからその内容を比較検討するという時代に入った。各経典同士をよくよく読み比べてみると、「言っていることがぜんぜん違うじゃないか」、「まったく逆のことを言っているじゃないか」ということが出てきた。そこで、矛盾を何とか解消しようとしたが、すべて、釈尊が説いたものだという大前提は崩さなかった。矛盾をどう解消したかというと、例えば天台大師の場合は、「釈尊が覚りを得た。その覚りを手加減しないでそのままストレートに説いた（華厳時《けごんじ》）。そうしたら、みんな消化不良を起こした。これではよくないというので、レベルをがくんと下げて、非常に日常的なことから話を説き起こして（阿含時《あごんじ》）、だんだんとレベルを上げていって（方等時《ほうどうじ》、般若時《はんにゃじ》）、最後に最高の教えを説いた（法華《ほっけ》・涅槃時《ねはんじ》）」というようなストーリーをつけたのである。それによって相矛盾する内容を調整しようとした。日本は、それをそのまま受け容れた。

ところが、この考え方に異を唱えた人がいた。大坂の町人であった富永仲基《とみながなかもと》（一七一五〜四六）である。この人は、『出定後語《しゅつじょうこうご》』（一七四五年）を著わして、大乗仏教は釈尊が直接説いたものではないとする「大乗非仏説論」を唱えた。

富永仲基は、「懐徳堂《かいとくどう》」という学校で学んだ。この学校は、大坂の町人が自分たちでお金を出し合って、庶民教育のために創った学校である。だから権威といったものとは無縁で、仲基は、自分の問題意識のままに経典を読んでいったのであろう。経典を読み比べると、相互に食い違いがあり、矛盾するところがあった。仲基は、その矛盾が生じた理由を自分なりに考えて、最初の経典は素朴なものだったが、後世に書き加えられ、増広《ぞうこう》されていったからだと推論していった。彼の論に対して仏教界から反駁《はんばく》されたのは、富永仲基の死後のことだった。すなわち、摂津《せっつ》の僧放光《ほうこう》による『弁出定後語』（一七四七年の自序あり）、京都の僧無《む》相文雄《そうもんのう》による『非出定後語』（一七五九年）、江戸の学僧慧海潮音《えかいちょうおん》による『摑裂邪網編《かくれつじゃもうへん》』（一八一九年）によってであった。その後、仏教界ではほとんど顧みられることはなかった。

中村先生は、東方学院の講義で、「日本において独創的見解は、例えば江戸時代に限った場合、藩校からは生まれませんでした」とおっしゃっていた。例として挙げられたのは、富永仲基のことだった。

では、天台大師の解釈は、全く無意味かというと、筆者はそうは思わない。内容がまちまちの経典群を相互の関係性を持たせてトータルに把握するのに極めて便利であると言える。思想史といえば、一般に編年体でまとめられるものだが、これは経典の内容面から、相互の関係を位置づけるものとしてまとめたものだ。ただし、それは出来上がった経典をずらりと並べて、相互の関係を論じる〝静的〟な全体観とも言える。それに対して、実際の歴史の中でとらえる経典は、小乗仏教の権威主義や差別思想を乗り越えようと興った大乗仏教が大乗仏典を編纂していったように、思想運動の足跡として見ることができ、それは〝動的〟な思想史と言える。運動論として見ることが可能であろう。大乗を釈尊が実際に説いたかどうかという問に対しては、「説いていない」というのが歴史的事実であろう。ただし、大乗仏教は、いわば「釈尊の原点に還《かえ》れ」という運動ともいえるものであり、平等の思想など原始仏典の思想と共通するところが多数である。その意味では〝仏説〟と言えないこともない。

近年になって、インドのパーリ語や、サンスクリット語の仏典が入ってきて、改めて読み直してみると、仲基の言っていたことが、おおむね正しかったということが明らかになってきた。筆者は、「日本人は独創性がない」と思わないのだが、独創性を持っている人がいたとしても、それを寄ってたかって無視するか、潰《つぶ》してしまうような構造が日本にはあるのではないかと思う。その独創性が認められるのは、何十年、何百年先だとか——そのようなことが、この富永仲基の例が示しているのではないかと思う。

なぜそうなるかというと、人が「何を」書いたかということを見ないで、「だれが」書いたかでしか見ないところがあるからである。その「だれ」というのも、その人の人格ではなくて、その人の立場や肩書、帰属する組織でしか見ないのである。

個人の尊重

また、フランスのギメ博物館の学芸員の方が中村先生を訪ねてこられた折、その人の話を聞く機会があった。その講演の後、中村先生は「ギメ博物館の館長は、自ら論文を多数書かれていて、本も出されています。だから、何を収蔵するかという眼が確かなのです。ところが、日本ではお役人が館長になることが多い。だから、人やものを管理することが優先されるのです」という話をされていた。富永仲基のケースと同様、個人の才能を生かすことなく埋没させてしまう日本社会の悪い面を指摘したものである。

それではインドの国はどうかといえば、ここは個人ということが非常に重視される国で、集団性があまりない。例えばインドでは、何々学派という表現は存在しない。先に「説一切有部」という名前を挙げたけれども、これは中国人が付けた部派の名前である。サンスクリット語に戻ると、そんな意味ではない。その部派名について考えるには、まず、サルヴァースティヴァーダ（sarvāstivāda）という複合語から説明しなければならない。

この語は、分解するとsarva-asti-vādaとなり、サルヴァ（sarva）が「一切の（ものごと）」であり、アスティ（asti）がフランス語のエ（est）、ドイツ語のイスト（ist）――英語で言えばbe動詞のisに相当する。つまり「存在する」、「ある」という意味である。ヴァーダ（vāda）は、「考え方」、「発言」のことである。だから、「一切（の事物）は存在するという学説」という意味になる。このsarvāstivādaの語尾に-inという接尾辞を付けると、「何々を信奉する人」という意味になる。だから、サルヴァースティヴァーディン（sarvāstivādin）で、「一切（の事物）は存在するという学説を信奉する人」という意味になる。その語尾にaḥを付けると複数形になり、サルヴァースティヴァーディナハ（sarvāstivādinaḥ）は、「一切（の事物）が存在するという学説を信奉する人たち」という意味になる。これが、この学派の名前である。「ナントカ学派」ではなくて、「ナントカという学説を信奉する人たち（の集まり）」という意味でしかないのだ。あくまでも初めに個人があって、その集団が成立しているという関係である。中村先生は、「それぞれの学派にボスのような存在がいて、その学派に所属する人たちの面倒を見るとか、取り仕切るとかというようなことはインドにはございませんでした」と常々、話しておられた。あくまでも、個人ということが尊重されているのである。

普遍的真理と特定の人格に対する態度の比較

次に、普遍的真理と特定の人格に対する態度の比較をしてみよう。インドでは、具体的な人格性としての「人」と普遍的真理としての「法」が対《つい》にして論じられた。この場合、「人」は「ヒト」と読まないで「ニン」と読む。英語で言えばパーソナリティーに近い。それに対して、「法」は普遍的な真理ということである。その両者の関係について、釈尊自身は次のような言葉を残している。

ヴァッカリよ、実に法を見るものは私を見る。私を見るものは法を見る。ヴァッカリよ、実に法を見ながら私を見るのであって、私を見ながら法を見るのである。（『サンユッタ・ニカーヤ』第三巻、一二〇頁）

前述のように、ブッダ（仏陀）とは「真理に目覚めた人」のことであり、「法」（真理）に目覚めればみんなブッダなのだ。「人」をブッダたらしめるものは「法」であり、「法」こそが根源にある。

それを大前提とした上で、「人」と「法」の一体性が強調された。「法」は、人格に反映されて初めて意味があるし、その人格そのものも、「法」に裏付けられて初めてその価値を生ずる。ただし、あえてどちらか一つの選択を迫られる場面では、「依《え》法《ほう》不《ふ》依《え》人《にん》」が強調された。これは『涅槃経《ねはんきょう》』や『維摩経』に出てくる言葉で、「法に依って人に依らざれ」と読む。最終的には、「人」よりも「法」を重視しなければいけないというのがインド仏教だったのである。これが中国に来ると、「人」を重視する傾向が出てくる。けれども、あくまでもそれは「法」を体現した「人」に対する尊敬であった。だから、中国においてはある特定の人を法主《ほっす》として崇拝したり、個人崇拝みたいなことはなかった。ところが日本に来ると、「法」よりも特定の「人」のほうに重心が移る傾向が顕著になってきた。聖徳太子《しょうとくたいし》を信仰対象とする太子堂が各地の寺院に建てられ、弘法《こうぼう》大師信仰が日本のあちこちに存在している。

「信」とは静まり澄み切った喜びの心

インド仏教が「人」よりも「法」を重視したことは、「信」のとらえ方にも表われている。サンスクリット語で「信」と漢訳された語にはシュラッダー（śraddhā）、アディムクティ（adhimukti）、プラサーダ（prasāda）、バクティ（bhakti）の四つがある。経典には、そのうちシュラッダー、プラサーダ、アディムクティの三つは出てくるが、バクティは決して出てこない。それは、初期大乗仏典を代表する『法華経』でも、全く同じである。バクティが仏典で登場するのは、密教系の経典においてである。

バクティを除いた三つの語の根本にあるのは、尊敬すべき人《にん》（ブッダ）に依ることはあるが、最終的には法（ダルマ）に信順することである。

「信」を意味するこれらの言葉について、中村先生の考えを参考にしながら見てみよう。まず、シュラッダー（śraddhā）という言葉は、シュラッド（śrad＜śrat）とダー（dhā）に分けられる。これは、「置く」という意味の動詞の語根ダー（√dhā）に、サティヤ（satya、真理）を意味するとされるシュラット（śrat）を付加したものである（tは、次に有声子音dhが来るとdに有声音化する）。つまり、「真実なるもの、信頼に足るものに対して心を置く」という意味になる。ここにおいては、「信」の成立する根拠はどちらかというと対象にあると言えよう。優れた人を通して教法を素直に受け取るということでもある。このため「聞信《もんしん》」と訳されることもある。

次に、アディムクティ（adhimukti）は、「放つ」という意味の動詞の語根ムチ（√muc）に、「上方に」を意味する接頭辞アディ（adhi）を付加してできた言葉で、「ある対象に向かって心を強く放つこと」といった意味を持っている。これが仏教の局面で使われると、「真理をよく見極めて専念すること」という意味になる。このアディムクティは、「信解《しんげ》」と漢訳されて『法華経』で多用されている。

「志」という意味にも近い。「志」という字は、古くは「之」の下に「心」と書いた。「之」は「ゆく」と読み、「志」は「心が何かに向かってゆく」という意味になる。だからアディムクティは、「願う」という意味の「楽《ぎょう》」とともに「志楽《しぎょう》」とも漢訳された。ここにおいて「信」の成立する根拠は、どちらかというと対象ではなく、主体の側にあると言えよう。

最後に、プラサーダ（prasāda）は、「座る」「沈む」という意味の動詞の語根サッド（√sad）に、完全性、普遍性を意味する接頭辞プラ（pra）を付加してできた言葉であって、心が「完全に静まっていること」「清く澄んでいること」「輝かしいこと」「満足していること」というような意味になる。これは、荻原雲来編の『梵和大辞典』によると、「浄」「清浄《しょうじょう》」「澄浄《ちょうじょう》」「浄心」「清浄心」「心清浄《しんしょうじょう》」「信」「信心」「浄心」「正信《しょうしん》」「深心」「清浄信」「歓喜心《かんぎしん》」「妙喜《みょうぎ》」などと漢訳されている。

「法に心を置く」シュラッダーと、「法に向かって心を解き放つ」アディムクティが、「信」という心の働きの在り方を言ったものであるのに対して、プラサーダはその「信」によって得られる内的な心の状態である。このプラサーダは、特に仏教的であって、「信」は浄められ澄みきった心（prasāda-citta）という在り方で現われることを意味している。

こうしたことから中村先生は、「仏教における信仰とは、仏の法を信じて、心がすっかりしずまり、澄み切って、しずかな喜びの感ぜられる心境を言うのである」、「もろもろの真理を認知すると同時に、それによってすっかり疑いのはれた澄み切った精神状態を言うのである」とおっしゃられ、「真理を見ることが信仰の本義なのである」、「解脱とは智慧によって覚醒することなのである」と結論されている。

仏教の説く「信」は、妄信ではないことが明らかであろう。また、熱狂的、狂信的な「信」でもない。熱狂的で狂信的な忘我の信仰は、バクティ（bhakti）と言われ、ヒンドゥー教において強調された概念であった。これは「信愛」と訳されているが、『法華経』などの仏典ではシュラッダー、アディムクティ、プラサーダは用いられても、このバクティが使用されることは絶無であった。ただ、ヒンドゥー教に多大なる影響を受けた密教経典に頻出する。

日本では、信仰については疑問すらも抱くことなく、分からないことが有り難いことだという傾向が強い。真理を探究し、疑問を納得したところに開けるプラサーダの状態に到ることは少ないのではないか。下手《へた》をすると、バクティの熱狂的な忘我の状態のほうが多いかもしれない。仏教は自覚の宗教であり、納得することを重視していたことを知らなければならない。

観音菩薩の起源

欧米の研究者の中には、観音菩薩をジェンダー・フリーの象徴と見なしている人もあるようだが、その是非について考えてみることにしよう。

漢訳『法華経』の薬王品《やくおうぼん》第二十三から普賢品《ふげんぼん》第二十八までの最後の六品は、『法華経』成立の後期に西北インドに流行していた民間信仰を採り入れたものだと言えよう。観音品もその六つのうちの一つである。これは、『観音経』という名の単独の経典であったが、『法華経』に摂取されて観音品となった。「品《ほん》」とは、「章」というほどの意味である。

この経典は、観音菩薩の名前を唱える人はだれでも、船の難破や、火災、風災、水災、あるいは殺されたり、手かせ足かせをはめられたり、強盗にあったりするというあらゆる災難から守られると説いている。男の子や、女の子が欲しい人の願いをかなえてくれるとも説かれている。さらに、この菩薩の助けを求める人のために、いつでも、どこでも、相手に応じて三三種類の姿で現われて救出してくれるというのだ。

紀元前後に興った大乗仏教は、それぞれの経典において象徴的な菩薩を導入した。その中で最も代表的な菩薩の一人が観音菩薩で、アジアの全域を通じて崇拝されるようになった。敦煌では、シルクロードを往来して貿易を営む商人たちの発願《ほつがん》で観音像が多数描かれた。旅の無事の祈りを込めたのだ。

観音菩薩は、イランの神の影響を受けて形成されたとも言われている。ガンダーラとインド北部のマトゥラーで製作された観音菩薩の彫像の年代を調べると、二世紀か、三世紀のもので、当時の人たちが、この菩薩を崇拝していたことが明らかである。観音菩薩は、中央アジアと敦煌を経由して、ガンダーラから中国や東アジアの国々へともたらされた。

観音菩薩はジェンダー・フリーの象徴か？

観音は男性と女性の両方の姿を取ることができるとされていることから、欧米の研究者の間では、ジェンダー・フリーの体現者だと解釈され、評価されているようだ。アメリカのロヨラ・メリーマウント大学のロビン・ワン博士が、筆者に *Images of Women in Chinese Thought and Culture*（中国文化と思想における女性像）についての共同研究と出版の企画書を送ってこられたとき、ジェンダー・フリーの観点から観音品も取り上げてもらいたいと要望が添えられていた。観音菩薩についての見解を書いて送ると、観音をジェンダー・フリーと見なすことについての否定的な見解に驚かれながらも、筆者の考えに同意していただいた。

鳩摩羅什訳の『妙法蓮華経』（四〇六年）によると、観音は「三十三身」を現わすとされ、そのうちの七つは、①女性出家者、②女性在家信者、③長者の夫人、④資産家（居士《こじ》）の夫人、⑤宰官《さいかん》の夫人、⑥バラモンの夫人、⑦少女――といった女性の姿だという。けれども、サンスクリット原典によると、観音は一六の姿を現わすとされ、そのすべてが男性である。しかも、ガンダーラの観音菩薩の彫像は、ほとんどが口ひげを蓄えており、インドでは、この菩薩は男性であったことを示している。サンスクリット原典では、女性の姿はあり得ないことであった。

観音の女性化が起きたのは、中国においてである。竺法護訳の『正法華経』（二八六年）では、一七身が挙げられ、サンスクリット原典と同様、すべて男性であった。鳩摩羅什訳で観音は男女のいずれの姿をも現わすことができるとされ、観音は性別のないものと考えられた。観音の住む所は、ポータラカ（補陀落山《ふだらくせん》）という南方の海上の山だとされているが、中国ではそれが東シナ海海上の舟山《しゅうざん》群島のことだとされた。そこで道教の女神で航海・漁業の守護神である媽祖《まそ》に対する信仰と観音信仰が結びついて、観音の女性化が始まった。中国と日本では現在、女性の菩薩として広く信仰されている。

さらに、鳩摩羅什訳に存在しないサンスクリット原典（ケルン・南条本）の第三一偈（詩句）には、観音が導師となる阿弥陀仏《あみだぶつ》の浄土に、女性はだれも生まれてこないとある。このように、サンスクリット原典から見ると、観音がジェンダー・フリーの象徴であるという考えは、もろくも崩れ去ってしまう。

そのことを確認した上で、次にサンスクリット原典を考慮に入れずに、鳩摩羅什訳だけからジェンダー・フリーと言えるかどうか検討してみよう。中国、日本などでは、鳩摩羅什訳で『法華経』を読んできたのであり、漢訳からの検証が必要である。まず初めに、観音が男女のいずれの姿をも化現《けげん》することができるということと、『法華経』提婆達多品《だいばだったぼん》において八歳の龍女《りゅうにょ》という女性が成仏の姿を示したこととを比較してみよう。

漢訳によると、確かに観音は男性の姿だけでなく、女性の姿にもなって出現することができる。しかし、そのことは、すべての女性が観音の化身であるということを意味しているのではない。人々にとって観音は、困ったときに助けを求めて祈る対象なのだ。困った人に応じて、三三種の姿を取るだけである。

それに対して、龍女が身をもって即身成仏の姿を示して見せたことは、「挙一例諸《こいつれいしょ》」（一を挙げて諸《もろもろ》を例す）という言葉があるように、また、日蓮が『開目抄《かいもくしょう》』で、「龍女が成仏此れ一人にはあらず、一切の女人の成仏をあらはす」（『昭和定本日蓮聖人遺文』五八九頁、『日蓮大聖人御書全集』二二三頁）と述べているように、すべての女性がブッダと成り得ることを例示して見せたものであった。観音と龍女が自らの身をもって示すことの意味は、極めて対照的である。

さらには、観音菩薩と、法師品《ほっしぼん》や常不軽品などに描かれる他の菩薩たちとの違いにも、もっと注意を払わなければならない。観音品は、それを読誦《どくじゅ》する人に、観音菩薩に救ってもらうという受け身の立場を取らせようとする。それに対して、漢訳『法華経』の法師品第十から嘱累品《ぞくるいぼん》第二十二までを読むと、自分自身が菩薩となることを鼓舞され、他者を救うことに献身する法師として能動的な立場に立とうとする自分を見出す。これは、ジョン・F・ケネディの大統領就任演説、「問うなかれ。国があなたのために何をしてくれるかを。問いたまえ。あなたが国のために何ができるかを」――それは上杉鷹山《うえすぎようざん》（一七五一～一八二二）の「伝国の詞」（一七八五年）に見える「国家人民の為に立たる君にして、君の為に立たる国家人民には無《これなく》レ之候《そうろう》」（奈良本辰也校注『近世政道論』日本思想大系38、岩波書店所収）を焼き直したもののようだが、そこで問われたことと同じことが指摘できる。観音は、私たちにとって「何かをしてくれる菩薩」であり、『法華経』本来の理想とする菩薩は、私たち「自らが菩薩となって利他行に努める」ものであった。法師としての菩薩も、地涌《じゆ》の菩薩《ぼさつ》も、常不軽菩薩も皆しかりである。

これらの本質的で、大きな違いは、何に起因しているのであろうか。それは、前述のように『法華経』編纂過程において、薬王品第二十三から普賢品第二十八までの六品が、後世に付加されたものであることによるのである。『法華経』は、一世紀から二世紀にかけて、または二世紀から三世紀にかけての一〇〇年間に編纂されたと言われている。観音品を含む最後の六品は、その最後の段階に付け加えられた。それは、現世利益信仰や民間信仰の傾向が著しくなった時代であった。

その形跡が、鳩摩羅什訳『法華経』に残っている。鳩摩羅什訳では、これらの六つの品は嘱累品の後に置かれているが、ケルン・南条本などのサンスクリット写本では、嘱累品は最終章に来ている。この食い違いは、鳩摩羅什訳の底本が、単純に六品が後ろに追加された形のものであったのに対して、ケルン・南条本などが、後に嘱累品は経典の最後に来るべきであるとして、最後に移されたものという違いであろう。

中国での観音信仰の普及

サンスクリット語の『サッダルマ・プンダリーカ・スートラ』(白蓮華のように最も勝れた正しい教えの経)が『正法華経』(二八六年)、あるいは『妙法蓮華経』(四〇六年)として漢訳されたことで、観音信仰は中国に広まった。さらに『無量寿経』(二五二年)や、『観無量寿経』(四二四〜四四二年)、『華厳経』(四一八〜四二〇年)が漢訳され、観音信仰は中国に急速に普及していった。

六朝《りくちょう》時代（二二二～五八九年）の『観世音応験記』など、西暦二二〇年の後漢の末から、五八一年の隋《ずい》統一まで、観音信仰による奇跡的な体験を集めた多くの説話集が編纂された。『高僧伝』（五一九年）にも観音にまつわる多くの話が収録されている。五世紀の終わりごろ、『冥祥記《めいしょうき》』という当時の仏教徒の信仰の実態を反映した書が著わされた。そこには、子どもに恵まれない五〇歳を過ぎた男についての話が出てくる。近くのお寺の僧侶から教えられて、彼は『観音経』を読誦《どくじゅ》した。二、三日すると、夢の中でお告げがあり、すぐに妻が妊娠し、男の子を授かったという。

観音信仰は、唐（六一八～九〇七年）の時代に、さらに盛んになった。六六八年に、観音の奇跡について、より多くの話を含んだ『法苑珠林《ほうおんじゅりん》』が出版されている。これらの話の大部分は、牢獄《ろうごく》に入れられたり、強盗に襲われたり、捕らわれの身となったりした人が、観音の名前を唱えたことで、死を免れることができたという筋書きからなっている。

観音への祈りの内容は、変化に富んでいた。病気の回復のための祈りや、地位とお金を得たいという祈り、よい子どもに恵まれたいという祈り、そして、災難から逃れたいという祈りが、その主なものであった。多くの人々が、現世利益をもたらしてくれることを観音に願ったのである。

さらに清《しん》（一六一六～一九一二年）の時代になると、『観音慈林集』と『観音経持験記』が編纂された。特に後者には、観音信仰の奇跡的な体験談が一一六含まれており、当時の信仰の実態を伝えている。このように観音信仰は、儒教倫理の支配する社会にあって、特に男の子に恵まれたいと願う人々の間で子宝信仰として広く普及した。

儒教社会の不安解消としての観音信仰

『法華経』の前半部には、一切衆生の成仏を説いた「一仏乗」という平等思想や、そのような思想を自ら法師となって説き広める菩薩のことや、女性の成仏が可能なことを明かした龍女の成仏などが説かれている。また、『維摩経』には、「一切は男にあらず、女にあらず」とする「空《くう》」の思想や、女性に生まれたがゆえに他の女性の苦しみを理解することができるし、救うこともできるという考えが説かれてはいた。けれども、中国社会の女性たちの間に広く受け容れられたのは、むしろ子宝に恵まれることなどの現世利益をもたらしてくれるとされた観音信仰のほうであった。

男尊女卑の儒教倫理の社会である中国は、男子中心の社会であった。『詩経《しきょう》』では、男の子が生まれたら床《しょう》（牀）に寝かせ、玉《ぎょく》をもって遊ばせるとあるが、女の子が生まれたら地面に寝かせて瓦《が》（素焼きの糸巻き）で遊ばせると歌っていて、男女の格差は甚だしいものである。祖先崇拝を強調する儒教倫理では、家系を継ぐ男子がなく、家系が絶たれることは、不孝の最たるものとされていた。従って『礼記《らいき》』には、妻を離縁できる七つの理由（七去《しちきょ》）の一つとして、「嫁《か》して三年、子なきは去る」とある。すなわち、結婚は男の子を産むためのものであった。嫁は、子を産む道具にすぎず、人格を認められることもなく、「もの」同然に見なされていたのである。

儒教社会における家系断絶による祖先崇拝の途絶という不安から救われたい中国の人々によって、観音信仰が受け容れられたという面は否定できないことである。それに対して、仏教の男女平等の思想はどの程度、中国で受け容れられたのであろうか。また、中国に仏教がもたらされて後、中国の女性の生き方に影響を与えたことはあるのであろうか。結論から言えば、仏教のジェンダー平等の思想は、男尊女卑の儒教倫理を乗り越えることはなかった。従って、観音菩薩はジェンダー・フリーの象徴などではなく、むしろ男尊女卑の儒教倫理に悩む人たちがすがるものであった。女性の地位を向上させることや、女性自らの価値や、平等意識、あるいは女性を自立に目覚めさせることから遠くかけ離れたものだった。それは、日本でも同じと言えよう。

「草木成仏」についての比較

次に、自然観とも関係がある「草木成仏《そうもくじょうぶつ》」について三国を比較してみよう。

曇《どん》無《む》讖《しん》訳『涅槃経』（四二一年）に「一切衆生悉有仏性《いっさいしゅじょうしつうぶっしょう》」という言葉がある。チベット語訳にはこの語句に相当する箇所が見当たらないので、中国で挿入されたものではないかと言われているようだが、類似した考えはインドにもあった。

この一節には草木や国土という文字は入っていない。衆生という言葉が入っているだけである。衆生の「衆」は複数を表わし、「生」というのは生き物のことである。従って、「衆生」は「生きとし生けるもの」のことを意味している。では、その衆生の中に草木は含まれるのだろうか。その答えは、例えば次の『維摩経』の一節からもうかがうことができる。サンスクリット原典からの筆者の訳は、「この身体は、草や、木や、壁、土塊《つちくれ》、影のようなものであって、無感覚なものである」（植木訳『維摩経』六五頁）。

それを鳩摩羅什は次のように漢訳した。

是《こ》の身は、知無きこと草木瓦礫《がりやく》の如し。（同、六四頁）

草や木は、インドでは瓦礫や、壁、土塊と同様に「感覚」がないものとされていた（鳩摩羅什は、「知」がないと訳している）。「生きとし生けるもの」を意味するサットヴァ（sattva）を、鳩摩羅什は「衆生」と漢訳したが、玄奘は、草木瓦礫などの「非情」と対立させて「有《う》情《じょう》」と訳した。これは、草木に精神がないとするインドの考え方を反映した訳である。従って、草木は衆生の中には含まれておらず、草木の成仏・不成仏はインドでは考えられていなかったのである。

『涅槃経』の「一切衆生悉有仏性」の意味することは、「あらゆる生き物には仏性があり、仏になる可能性を具《そな》えている」ということである。「成仏」、すなわちブッダ（仏陀）になるということは、すでに述べたように、真理や真の自己に目覚めることであった。そういう意味では極めて知性的なことであり、「明知《めいち》」、すなわち「明らかなる知」によるものである。この「明知」はサンスクリット語のヴィドヤー（vidyā）の漢訳である。「知る」という意味の動詞ヴィッド（√vid）に名詞を作る接尾辞ヤー（yā）を付けたものである。ヴィッドは、「知る」を意味するドイツ語のヴィッセン（wissen）と語源は同じである。あるいはヴィデオ（video）もヴィッドと語源は同じである。

インドにおいては、動物と人間は大して変わりないものと見られている。インドへ行ったとき、田舎に行って人間の子どもと猿が一緒に水遊びしている場面を見たことがある。また、日本で言えば銀座にあたるような、ニューデリーの繁華街に行ったときも、店の前に猿がチョコンと座っていた。筆者もそこにチョコンと座って、並んで〝記念撮影〟をさせていただいたが、ぜんぜん違和感がない。動物と人間は、大して変わりないと思われている。だから、動物も解脱は可能だと考えられていた。

しかし、「知」もなく、「感覚」もない草木に、成仏は無理なことだとされていた。ところが中国の天台宗で、「草木国土悉皆成仏《そうもくこくどしつかいじょうぶつ》」ということが言われるようになった。草木や国土、山や川までもが成仏できるというのだ。日本ではさらにそれが徹底され、「草木不成仏」と言われた。「成仏しないのか」と思われるかもしれないが、違うのだ。「草木はもともと成仏しているのだから、改めて成仏する必要はない」という意味なのである。これは、おそらく日本の自然が豊かで、自然の恵みと人間とのつながりの密接さから出てきた言葉ではないかと思われる。

仏教用語に反映されたインドの熱さ

日本の豊かな自然も、昨今、温暖化で先行きが心配される。二〇一〇年の異常な熱さで、筆者は真夏のインドを訪れたときのことを思い出した。

インドの夏の暑さは、尋常ではない。インドの北西部でも気温四五度を超えることはざらである。辛島貴子さんは、その著『私たちのインド』で、カルカッタに長く住んでいる人が、道路の両脇に材木を並べたように寝ている人を指して、「この暑さじゃ、まだまだ死ぬな」と、こともなげに言ったことを紹介している。また、中部デカン高原の暑さも摂氏五〇度から五八度にも達するそうで、暑さのために死んだ人の数が毎日のように新聞に掲載されているという。インドでは、「暑さ」というよりも「熱さ」と言ったほうがぴったりとくる。

それゆえであろう。仏典に「熱悩《ねつのう》」という言葉がよく出てくる。例えば、『法華経』信解《しんげ》品《ぼん》第四には、スブーティ（須菩提《しゅぼだい》）、マハー・カーティヤーヤナ（大迦旃延《だいかせんねん》）、マハー・カーシャパ（大迦葉《だいかしょう》）、マハー・マウドガリヤーヤナ（大目犍連《だいもっけんれん》）の四人の仏弟子（四大声聞《しだいしょうもん》）が、自らのこれまでの在り方を反省して、

我等、三苦を以《もっ》ての故に生死《しょうじ》の中に於いて諸の熱悩を受け、迷惑無知にして小法に楽《ぎょう》

著《じゃく》せり。（植木訳『法華経』上巻、三〇〇頁）

と述べたところがある。「熱悩」という言葉は、身を熱し、心を悩ますほどの激しい苦悩のことだが、苦悩を表わす言葉に「熱」という文字を用いていること自体、インドの熱さが反映されている。

『法華経』譬喩品《ひゆぼん》には、われわれの住む迷いの世界を譬えた「火宅《かたく》」（火事になった家）という言葉が出てくる。「三車火宅の譬え」として有名な箇所である。

『法華経』譬喩品によると、長者の家から出火し、火事になると書かれている。その家の中で長者の子どもたちが夢中で遊んでいる。そこへ、長者が家の外から、「火事だぞ！　出ておいで」と叫ぶ。しかし、子どもたちは遊びに夢中になっていて父親の声に耳を貸さず、出てこようともしない。このままでは、焼け死ぬしかない。そこで長者は、子どもたちが日ごろから欲しがっていた三種類の車（羊車《ようしゃ》、鹿車《ろくしゃ》、牛車《ごしゃ》）の玩具《おもちゃ》をあげるよと叫んだ。すると子どもたちは、我れ先にと飛び出してきて、全員助かるとともに、その三つの車よりもはるかに素晴らしい本物の大白牛車《だいびゃくごしゃ》が与えられた——これが、「三車火宅の譬え」の大要である。

この物語は、父親（仏）の言葉に耳を傾けようともしない子どもたち（衆生）でさえも、方便によって一人残らず三界《さんがい》（欲界《よくかい》・色界《しきかい》・無《む》色界《しきかい》からなる三つの迷いの世界）の苦しみから救い出すという話である。それは、旧約聖書の『創世記』に描かれた「ノアの箱舟」の物語と対照的である。そこにおいては、ノアとその家族のみを助けて他の悪を行なうものたちをすべて滅ぼしている。

それはさておき、ここに出てくる「子ども」とは、仏法に無知な衆生のことであり、「火事になった家」は私たちが住むこの迷いの世界である。「三つの車」が声聞、独覚、菩薩に対する三種類の教えであって、権《かり》（仮）の教えを意味し、「大白牛車」が真実の教えである一仏乗の教えを意味している。

この譬えの中で、「三界は安きことなし。猶《なお》火宅の如し」（植木訳『法華経』上巻、二二二頁）というように、私たちの住む三界は「火宅」、すなわち火事になった家であり、私たちはその中で遊びに夢中になっている子どもたちのようなものだというのだ。「火宅」の中にいるからこそ、「熱悩」を逃れることができないのである。檀一雄《だんかずお》に『火宅の人』（一九七五年）という小説があるが、タイトルはここから取ったものである。

仏典には、この「熱悩」という言葉に対して、「清涼《しようりよう》」という言葉がある。『法華経』薬草《やくそう》喩品《ゆぼん》にも出てくるが、これはニルヴァーナ（涅槃）を形容する言葉として、絶対の境地を意味している。これも熱さに関連して生まれた言葉である。

また、『法華経』薬王品《やくおうぼん》には、「清涼池《しようりようち》」という言葉が出てくるが、煩悩の苦熱を取り去る清らかで涼しい池のことである。龍樹の作と言われる『大智度論《だいちどろん》』巻二二には、この「清涼池」について、「人の大いに熱悶《ねつもん》するも、清涼池の中に入ることを得れば、冷然《れいねん》として清了《しようりよう》して復《ま》た熱悩なきが如し」とある。

あるいは、『倶舎論《くしゃろん》』巻一六には「無熱池《むねっち》」について、大雪山《だいせっせん》（ヒマラヤ）の北にあり、金、銀、瑠璃《るり》、頗梨《はり》（水晶）の四つの宝を岸とする周囲八〇〇里の想像上の池であり、その中に阿那婆達多《あなばだった》龍王が住み、清冷の水を四方に流し閻浮洲《えんぶしゅう》を潤すとある。これは、炎熱の苦しみをやわらげてくれる池のことを言ったものである。ここに入れば、あらゆる熱悩をいやすことができるというのだ。

阿那婆達多龍王は、仏法を守護する天龍八部衆《てんりゅうはちぶしゅ》の一人であり、「阿那婆達多」は、「アナヴァタプタ」を音写したもので、「阿耨達《あのくだつ》」とも音写される。意味は、「無熱」「無熱悩」「清涼」ということである。

「現象と実在」からの比較

先の自然観とも根っこは同じだが、次に「現象と実在」という哲学的な概念から三国を比較してみたい。『法華経』『般若経』などによく出てくる言葉に、「諸法実相《しょほうじっそう》」がある。「諸法」の「諸」は複数を意味している。「法」（ダルマ）は、インドでは「真理」という意味だが、「ものごと」、「現象」という意味もある。だから「諸法」は「あらゆるものごと」という意味になる。「実相」というのは、「真実のありのままの姿」で、実在という意味である。だから「諸法実相」は「あらゆるものごとの真実の姿」という意味になる。

「諸法実相」と鳩摩羅什が漢訳したサンスクリット語は、ダルマター（dharmatā）やダルマ・スヴァバーヴァ（dharma-svabhāva、あらゆるものごとの自性《じしょう》）などがある。『法華経』方便品の「諸法実相」は、ダルマター（dharmatā）のほうである。ダルマ（dharma）は「ものごと」という意味で、ター（tā）は女性の抽象名詞を作る接尾辞である。ダルマがダルマターになると、「ものごと／現象」という意味から「ものごと／現象を、そうあらしめているもの」、「ものごと／現象の本性」、「ものごと／現象のありのままの真実の姿」という意味になる。

インドでは現象としての「ものごと」よりも、「ものごとをそうあらしめている、その背後にある実在」を見ようという傾向が顕著である。

別の表現をすれば、日本語では「この紙は白い」と言う。英語でも This paper is white. となる。ほとんどの国で「S（主語）＋V（動詞）＋C（補語）」の構文で表現する。それは、紙に「白い」という現象を見ているのである。ところが、サンスクリット語の「白性」（śuklatā、śuklatva）という抽象名詞は、この紙の「白という現象を白たらしめているもの」を意味しているのである。「この紙は白い」というのは、現象を見ていることになる。ところが「白性」、「白を白たらしめるもの」という言い方には、「われわれは、現象として白と見ているけれども、それが白いのは、白を白たらしめている働きがあるからだ」という考え方が貫かれている。現象よりもその背後にある実在のようなものを見ているのだ。

普遍的な真理に関心が強いのは、インド人の国民性であって、そういう国民性がサンスクリット文法の特徴にも表われている。それは、サンスクリット語が、世界でもまれに見るほど抽象名詞が多い言語だということとも関連している。なぜ抽象名詞が多いかというと、形容詞であれ、副詞であれ、名詞であれ、何にでも接尾辞さえ付ければ、抽象名詞が作られるからである。先ほど出てきた女性の抽象名詞を作るター（tā）のほかにも、中性の抽象名詞を作るトゥヴァ（tva）がある。英語であれば、カインドネス（kindness）のネス（ness）だとか、ドイツ語であれば、フライハイト（freiheit）のハイト（heit）だとかにあたるだろうが、それらによって作られる抽象名詞はそんなに多くはない。

中村先生は、『インド人の思惟方法』において、「彼は老いる」が英語でhe becomes old.と表記されるのに対して、サンスクリット語では「彼は老性におもむく」（vṛddhatām gacchati）と表現され、「ある男が樹と思われた」が「ある男が樹木性によって表象された」（pumān kaścid vṛkṣatvenôpavarṇitaḥ）と表現されるとして、「西洋の言語においては、個物をそれが具体的に具現している属性または資格において表示するのに、サンスクリット語においては個物を抽象的な普遍に属する一例として表示する」（四〇頁）と分析されている。

われわれは、「事物があって、それにいろいろな属性が具わっている」とか、「事物があって、それに現象が現われる」と考えるが、インド人は「事物や属性は、普遍性の現われの一つにすぎない」と見ているのだ。

「数の観念」からの比較

ゼロを発見したのはインド人である。ゼロの概念は目の前にあるモノにとらわれる思考方法からは生まれてこないものだろう。モノそのものに囚われない、抽象性と普遍性を重視する思考方法だからこそ生まれてきたのだろう。

多くの民族は、羊が何匹、牛が何頭、リンゴが何個……というように、モノに即して数をとらえている。そこには、ゼロという概念は現われてこない。また、そこにあるモノの数以上の巨大な数の概念も生まれにくい。

インド人がゼロを発見し、位取りによる数字の表記を行なったことで、ゼロを次々につけていけば、無限に巨大な数が考え出されるようになった。一〇の一一乗の「ナユタ」（那由《なゆ》他《た》）、一〇の五九乗の「アサンクエーヤ」（阿僧祇《あそうぎ》）といった巨大な数が、一世紀から三世紀にかけて成立した『法華経』に頻出する。その中でも「塵点劫《じんてんごう》」は長大な時間の長さの単位である。例えば三千塵点劫《さんぜんじんてんごう》は、三千大千世界《さんぜんだいせんせかい》、すなわち一〇〇〇の三乗個（一〇億個）の世界を原子（塵）に磨りつぶして、東のほうへ千の国土を過ぎるごとにその原子を一粒ずつ置いていって、すべてなくなって……云々《うんぬん》といった気が遠くなりそうな時間の長さである。『法華経』には五百（千万億那由他阿僧祇《なゆたあそうぎ》三千）塵点劫も説かれているが、筆者の計算では、それは三千塵点劫の一〇の一七〇乗倍という巨大な倍数になる。

仏典には、「恒河沙《ごうがしゃ》」という巨大数も登場する。「ガンジス河（恒河）の砂（沙）の数」という意味だ。ヒマラヤの雪解け水を源とする数千キロメートルの長さのガンジス河にどれほどの砂があるだろうか。『法華経』には「六万恒河沙」といった巨大な数も出てくる。中国が数で誇張した表現を好むといっても、「白髪三千丈」ぐらいだ。日本でも「八百万《やおよろず》の神々」といった程度である。インド人の数の感覚には圧倒されてしまう。

インドが「IT大国」と言われ、ソフトウェアの開発などで本領を発揮している理由は、目の前にあるモノにとらわれず、普遍性を重視し、分類癖の著しい思惟方法にこそ求められるべきではないか。IT大国の秘密は英語が公用語だからではない。それは必要条件ではあっても、十分条件ではないのだ。

江戸時代の数学者吉田光由《よしだみつよし》（一五九八～一六七二）が著わした『塵劫記《じんこうき》』（一六二七年）の名前は、『法華経』の「塵点劫」から取ったものだと言われている。そこには、インドの巨大数の名前も紹介されている。この書は、中国明《みん》の程大位《ていだいい》（一五三三～？）の著書『算法統宗《さんぽうとうそう》』（一五九二年）にヒントを得てまとめたものである。その『算法統宗』には、〇と一の間の小数点以下の数として「弾指《だんし》」（一〇のマイナス一七乗）、「刹那《せつな》」（一〇のマイナス一八乗）、「虚空《こくう》」（一〇のマイナス二〇乗）など、仏教用語を用いた名前も挙げられているが、これはインドのやり方ではない。『インドの数学』（中公新書）の著者、林隆夫氏の教示によると、インドでは分数によって表わすだけで、名前を付けることまではしなかったという。

歴史や地理への関心が希薄なインド人

現象よりも普遍的実在を重視するためか、歴史のような現象的な事柄に対する関心は希薄なものになる。古代インドの人たちは、地理にもあまり興味を持たなかった。インドには歴史書もなければ、地理書もなかった。釈尊のことも、歴史として記録されていなかったので、一九世期末までヨーロッパ人たちは、架空の人物だと思っていた。ところが、一八九八年にピプラーワーというところで釈尊の骨壺が発掘され、歴史的人物だったということが、やっと確認されたのである。

歴史に強い関心を持つのはギリシアと中国である。紀元前三〇〇年ごろ、ギリシア人のメガステネースという人が、シリア王の大使としてインドのマガダ国に滞在し、記録を残している。前述したように中国の法顕が、五世紀にインドに行き、帰国後、事細かな旅行記を残した。玄奘三蔵（六〇二～六六四）も、一七年間にわたるインドへの旅の記録を『大唐西域記《だいとうさいいき》』として残しており、当時の中央アジアやインドの風俗、産業、文化的様相を伝える貴重なドキュメンタリーとなっている。

中村元先生は、アショーカ王と同時代のギリシアの王の即位年代を手がかりとして、宇井《うい》伯寿《はくじゅ》博士（一八八二～一九六三）が算出された釈尊の生存年代をさらに改善して紀元前四六三～前三八三年だとされた。それは、中国やギリシアの記録との比較がなければできなかった。

現実肯定・煩悩肯定・修行否定

中国人、あるいは日本人もそうであるけれども、現実に極めて関心が強い。そういう中国でダルマターが「諸法実相」と漢訳された。それは、「諸法の実相」という意味であり、現象として「諸法」があって、その背後に普遍的な実在として「実相」があるという二重構造を内包した訳であった。ところが途中から「諸法は実相」と二重構造で解釈され始めた。これも漢文の独り歩きである。「現象そのままが実相である」ということになると、現実肯定の思想になってしまう。

日本に来ると、さらに「現象即実在」が強調された。例えば道元（一二〇〇〜五三）の場合は、この「諸法は実相」に加えて、「実相は諸法」と言い出した。論理学では、「人間は動物である」という命題がよく用いられる。人間はたくさんいる動物の中の一部分だという意味である。これに「動物は人間である」を付け加えると、「動物＝人間」ということになる。同様に、この「実相は諸法」を追加することによって、「諸法＝実相」となり、完全に「現実肯定論」になってしまった。それが悪くなると、例えば、だらしない人がいて、だらしないという現象自体が、すでに「実相」なのだとされたり、いい加減なことをやっていて、これが実相なんだとされたりすることも起こり得る。人間は煩悩の塊だ、それが実相なのだから、それでいいではないかということになりかねない。そういうことで「煩悩肯定論」になりやすい。あくせく努力しなくたって、修行しなくたって、ありのままでいいじゃないかということになってしまい、「修行否定論」も出てきてしまう。そういったところから戒律無視も出てくることになったりする。

親鸞は、破戒者、すなわち戒律を破った者でも、阿弥陀仏の大慈悲で救われるのだと言った。これは、人を助けようという立場の人が言えばいいのだが、普通の人にとっては、「破戒者でも救われるのか、じゃあ、破戒してもいいんだ」となってしまいかねない。このようなことは、インド仏教や中国仏教では言われなかったことである。

すでに紹介した『維摩経』に、ヴィマラキールティ（維摩詰《ゆいまきつ》）という人が登場する。この人は、在家の菩薩である。智慧や弁舌が極めて優れていて、智慧第一のシャーリプトラ（舎利弗）をはじめとして、出家の十大弟子と言われる人たちまでをも黙り込ませてしまうほどの人だったと描かれている。ヴィマラキールティは、歓楽街をはじめ、いろいろな所に出没した。そういう所でも悪に染まることなく、そこにいる人たちに仏法を説き聞かせたという。彼の言葉に、「若菩薩行非道。是為通達仏道」（『維摩経』仏道品第八）がある。すでに述べたように、これは、「若《も》し菩薩にして非道《ひどう》を行かば、是れを仏道に通達すと為《な》す」と書き下すのが正しいのだが、わが国ではこれまで、「若し菩薩にして非道を行ずれば、是れを仏道に通達すと為す」という読み方をして、その上で論じられてきた。本章では、これまでの日本仏教の在り方を論じているので、ここでは旧来の読み方のままで話を進めることにしよう。

「非道」は、「い」を付けると「ひどい」となるが、その語源である。「道に非ざることを行じて、それが仏道に精通していることになる」と言うのだが、これを文字通りに行なうと大変なことになる。

この言葉には、中国の天台大師智顗《ちぎ》が言った次のような背景があったと思う。

仏は、性悪《しょうあく》を断ぜずといえども、しかもよく悪に達す。悪に達するをもっての故に、悪において自在なり。故に悪の染する所とならず。修悪《しゅあく》起こるを得ず。故に仏永く復《ま》た悪無し。自在をもっての故に、広く諸悪の法門を用いて衆生を化度《けど》す。終日これを用いて、終日染まらず。(『観音玄義』)

仏は性質、性分《しょうぶん》としての悪を断じてはいないというのだ。性質としての悪は持っていて、しかも悪の本質に通達し、悪の本質を見極めている。だから、悪に囚われることなく自由自在であり、悪に染められることがない。だから、性質としての悪である「性悪」は持っていても、実際に行為として行なう悪の「修悪」が起こることはない。だから、仏には永く悪の行為はないのであり、悪において自在であることによって、広く諸の悪についての法門を説いて衆生を教化し救うことができる——ということである。

ところが、「非道を行ずれば仏道に通達す」と聞いて、これを文字通りにとらえ、自分の悪事を正当化するために悪用して戒律を無視する人も出て来かねない。

戒律無視の正当化

戒律無視の正当化の例を見てみよう。京都に祇園《ぎおん》という町がある。祇園は「祇園精舎《しょうじゃ》」の略である。「祇園精舎」は、「祇陀園林精舎《ぎだおんりんしょうじゃ》」、あるいは「祇樹給孤独園精舎《ぎじゅぎっこどくおんしょうじゃ》」の略である。前者は、サンスクリット語のジェータ・ヴァナ・ヴィハーラ（jeta-vana-vihāra）を漢訳したものである。ジェータ（祇陀《ぎだ》／祇樹《ぎじゅ》）というのは太子の名前で、ヴァナは林、ヴィハーラが精舎のことである。だから「ジェータ太子の所有していた園林に建てられた精舎」という意味になる。後者の「給孤独《ぎっこどく》」というのは、身よりのない孤独な人たちに食べ物を給していたスダッタ（須達多）という長者の別称で、ジェータ太子の土地を買い取って寄進した人として名前が挿入されている。釈尊は、いろいろな所に説法に出かけられたが、ここに滞在された期間が一番長かったようだ。ここは、林があって緑が豊かで、非常に美しい所であった。

わが国で祇園といえば、京都の街の一画を思い出す。それは八坂《やさか》神社がかつて祇園社と呼ばれ、その門前町として開かれた花街である。祇園から帰る時に花代を払う。その花代の花というのは、もとを糺《ただ》せば実はサンスクリット語であった。サンスクリット語でパナ（paṇa）というのはお金のことだ。古代の日本では「はな」と書いて「パナ」と発音していたようだ。江戸時代になると「はな」と書いて「ハナ」としか発音しなくなった。それで「はな」をフラワーの「花」と当て字で書いた。それに代金の代を付けて「花代」と言うようになった（岩本裕著『日本佛教語辞典』五九〇頁）。その語が、近松門左衛門《ちかまつもんざえもん》（一六五三〜一七二四）の『生玉心中《いくたましんじゅう》』（一七一五年）で、「花と色とは元ひとつ、されば身を売る金の名を、花代とこそ名付《なづ》けれ」という一節に用いられている。

当然、この「パナ」というサンスクリット語を知っていたのはだれかとなるわけだけれども、「お金」ということを口にすると、何か罪悪感が感じられる。ところが「パナ」と言うと罪悪感から免れられる。しかも、「今夜、祇園に行ってくる」と言うと、何か釈尊が長期間滞在されたところに行くような気分になれる。このようなことが行なわれてきたのも、戒律無視の例として見ていいのではないだろうか。

その延長なのか、出家者の飲酒や妻帯が日本では普通になってしまった。お酒を飲むときの言い訳まで考えられている。酒のことを日本の僧侶たちは隠語で般若湯《はんにゃとう》と言った。般若というのは、パーリ語のパンニャー（paññā）を音写したもので、「智慧」のことだ。だから「薬として少しぐらい飲むのならいいだろう」と、「智慧を呼び起こす湯薬《とうやく》」という意味にして、「般若湯」と言ったのである。

ところが、インド仏教では、飲酒は禁じられていた。『長阿含経《じょうあごんきょう》』巻一一には、酒がいけない理由として、①財産を失う、②病気のもとになる、③争いごとを起こす、④評判が悪くなる、⑤怒って乱暴になる、⑥智慧が失われる――の六つを挙げている。『四分律《しぶんりつ》』巻一六には一〇の理由、『大智度論』には「酒は知覚を奪い去る」、「健康を害する」、「心は乱れ智慧は劣る」――といった三五の問題点が論じられている。そして、「ものの識別を鈍らせる」

というので、釈尊は「お酒は止めなさい」ということを言っていた。東南アジアのタイやミャンマーの僧侶たちは、独身を貫いているし、お酒も一切飲まず、日本の僧侶が結婚していることを非難している。「彼らは出家者じゃない」と。ところが、タバコは吸っている。戒律のどこにも「タバコを吸うな」とは書いてないと言うのだ。それはそうだ。釈尊の時代に、タバコはなかったから。どっちもどっちで、五十歩百歩かもしれない。

日本で顕著な仏教の権威主義化

日本では、随所に仏教の権威主義化が見られる。例えば「錦《にしき》の袈裟《けさ》」という言葉がある。これは、形容矛盾である。「袈裟」というのは、サンスクリット語のカシャーヤ（kaṣāya）を音写したもので、「薄汚れた色」という意味である。なぜ薄汚れているかというと、死体が棄てられる場所で拾ってきた布きれだからだ。それは、もと死体をくるんでいた布なのだ。インドでは死体を火葬にするのはまれで、河に流したり、林の中に置き去りにする。遺体は、たいがい白い衣で覆われている。そこへ、ライオンやトラや蛇が来て、死体を食いちぎる。布は、血や膿《うみ》で汚れる。それで、汚い色になっているわけだ。

当初の出家者たちは、それを拾い、洗って縫い合わせて着た。それが、出家者のカシャーヤ（袈裟）だったのだ。もともとインドでは、アウト・カーストと言われ、カースト制度の最下層に位置づけられるチャンダーラ（旃陀羅《せんだら》）と言われる人たちが身にまとっていたものだった。出家をするということは、権威や名声の一切をかなぐり棄てて、チャンダーラと呼ばれる人たちと同じ立場に立つということを意味していた。日蓮が自らのことを「旃陀羅が子なり」と言っていたのは、この理にかなっていたわけだ。ところが、日本ではいつの間にか「錦の袈裟」という言葉が作られて、袈裟が権威の象徴になってしまった。

あるいは、出家者が手に持つ払子《ほっす》も同じである。これは、インドでは、虫を殺さないようにそっと払うための、柔らかい毛でできた刷《は》毛《け》のような道具だったのだ。ところが、日本では払子を持つことが、一つの権威を象徴するものになったのだから、面白いことである。これも日本の仏教の特徴だと思う。

葬式仏教と儀式仏教

日本仏教の多くは、仏教の本来の在り方を外れて、葬式のための仏教に形骸化してしまったとして葬式仏教と揶揄《やゆ》されることがある。

確かに、釈尊の時代には仏教と葬式とは関係ないものであった。それは、原始仏典の『マハー・パリニッバーナ・スッタンタ』からも読み取ることができる。この仏典は、釈尊が自らの死期を覚り、故郷を目指して旅したときの言行録である。

その中で釈尊は、世界を支配する帝王の葬送の方法について次のように語っている。

世界を支配する帝王の遺体を新しい布で包む。新しい布で包んでから、次に打ってほごされた綿で包む。打ってほごされた綿で包んでから、次に新しい布で包む。このようなしかたで、世界を支配する帝王の遺体を五百重に包んで、それから鉄の油槽の中に入れ、他の一つの鉄槽で覆い、あらゆる香料を含む薪の堆積をつくって、世界を支配する帝王の遺体を火葬に付する。（中村元訳『ブッダ 最後の旅』一三二頁）

注目すべきことは、こうした葬儀が出家者ではなく、在家のやることとされていたことである。アーナンダ（阿難）が、「尊い方よ。修行完成者のご遺体に対して、われわれはどのようにしたらよいのでしょうか？」と質問したことに対して、釈尊は、「アーナンダよ。お前たちは修行完成者の遺骨の供養（崇拝）にかかずらうな。どうか、お前たちは、正しい目的のために努力せよ。正しい目的を実行せよ。正しい目的に向って怠らず、勤め、専念しておれ」（同、一三一頁）と答えている。

インドでは古来、火葬、水葬、土葬、風葬の四種の葬法が行なわれていた。転輪聖王《てんりんじょうおう》などの高貴な人は火葬によるべきであるとされていた。釈尊の場合も、遺言どおり遺体は在家によって白布に巻かれ、茶毘《だび》（jhāpeta）に付された。それだけのことであって、仏教だから火葬でなければならないという根拠はない。

釈尊を茶毘に付したときに、どのお経を読んだのであろうか。そんなものはあるはずがない。釈尊の生存中にお経という形のものはまとめられていないからである。釈尊の語ったことを短文にして口伝えに語っていたであろうが、それは葬式のためのものではない。いかに生きるかに関するものであった。

戒名《かいみょう》という言葉も仏典には出てこない。わが国で近世になって始まったものである。釈尊よりもやや早く亡くなったシャーリプトラ（舎利弗）とマウドガリヤーヤナ（目犍連《もっけんれん》）の滑石製の骨壺がサーンチー近くのサッダーラの第二ストゥーパで発見されたが、その骨壺に書いてあったのは、戒名らしきものではなかった。プラークリット語（俗語）で「サーリプタ（sāriputa）のもの」と「マハ・モーガラーナ（maha-mogalāna）のもの」と記されていた。それぞれサンスクリット語の「シャーリプトラ（śāriputra）のもの」と「マハー・マウドガリヤーヤナ（mahā-maudgalyāyana）のもの」に相当する。すなわち、シャーリプトラとマハー・マウドガリヤーヤナの名前が書いてあっただけである。

ストゥーパの変容

また、日本で特に変容したものに卒塔婆《そとば》、あるいは塔婆《とうば》がある。前者はサンスクリット語のストゥーパ（stūpa）、後者はパーリ語のトゥーパ（thūpa）を音写したものである。「塔」も、ストゥーパを音写する際、新たに造られた漢字である。ストゥーパは、古代インドでは饅頭《まんじゅう》のような半球形に土を盛り上げた墓のことであった。釈尊滅後、荼毘に付された遺骨を八人の王が持ち帰り、ストゥーパを造って安置した。その後、マウリヤ朝に多数のストゥーパが建造され、釈尊の遺骨（仏舎利）、遺品を納めてレンガでドーム状に築かれるようになり、崇拝の対象のようになった。

その大きさも高さが数十メートルにも及ぶようになり、ストゥーパの建造には莫大な費用がかかったはずだ。その建設のために寄進した人たちの名前を見ると、在家だけではなく、出家者の名前も見られることが注目される。例えば、紀元前三世紀から前二世紀に属するサーンチーのストゥーパ（高さ一六メートル、直径三六メートル）の銘文には、寄進者として男性出家者八一人、女性出家者八三人、男性在家信者一五二人、女性在家信者一〇三人の個人名が記されている。

それが、中国では高層化した楼閣建築となり、その代表的なものが七層六四メートルの高さを持つ塼《せん》（レンガ）で造られた大雁塔《だいがんとう》（六五二年）であり、仏舎利、経典、仏像が保管された。さらに朝鮮半島を経由して日本に伝わり、木造の五重塔、三重塔に姿を変えて現存している。この時点までは、ブッダをしのぶモニュメントであり、寺院を象徴する建造物であった。

ところが、わが国では、全く別の意味でこの言葉が用いられ始めた。細長い板に切り込みを入れ、亡くなった家族の追善のために墓の脇に立てることを発案し、それを卒塔婆、あるいは塔婆と呼び、それらの原語であったストゥーパのほうを「塔」と呼んで区別した。こうして、定期的に塔婆供養を実施することが奨励されたのである。もともと土を盛った「墓」であったストゥーパ（卒塔婆）を墓の脇に立てるのは、「屋上に屋を架す」ようなものである。

一方、インドにおいては、釈尊の滅後、仏舎利に対する信仰とともに起こった仏塔崇拝は、時代を経るに従い、その反省も出てきて、遺骨ではなく、釈尊の説いた「法」こそが、ブッダをブッダたらしめたものであり、その文字化された「経」の中にこそブッダの全身があるはずだという考えが『般若経《はんにゃきょう》』に出てきた。それが、『法華経』においても取り入れられ、経典信仰が主張された。それは法師品の次の一節に表われている。

在在処処に、若《も》しは説き、若しは読み、若しは誦《じゅ》し、若しは書き、若しは経巻《きょうかん》所住の処には、皆、応《まさ》に七宝の塔を起《た》てて、極めて高広厳飾《こうこうごんじき》ならしむべし。復《また》、舎利《しゃり》を安《やす》んずることを須《もち》いず。所以《ゆえん》は何《いか》ん。此の中には已《すで》に如来の全身有《いま》す。（植木訳『法華経』下巻、一四頁）

この箇所のサンスクリット原文は、

この法門が語られ、あるいは示され、あるいは書写され、あるいは書写されたものが写本となされて、独りで暗誦したり、あるいは一緒に暗誦したりするところの地上のその場所、その地上の場所において、〝薬の王〟よ、宝石からなる広くて高くそびえる大いなる如来のチャイティヤ（塔廟《とうみょう》）が造〔らせ〕られるべきである。しかも、その〔チャイティヤ〕には必ずしも如来の遺骨が安置させられる必要はない。それは、どんな理由によってか？　そこ（経）には、如来の身体がまさに一揃いの全体をなして置かれてい

るからである。（同、一五頁）

このような考えから、遺骨の「仏舎利《ぶつしゃり》」に対して、経典は「法身舎利《ほっしんしゃり》」と呼ばれた。わが国では、このような反省も全く考慮されることなく、ストゥーパ（卒塔婆）が変容され、葬送儀礼の一環として組み込まれてしまったと言える。

檀家制度の影響

現在のような葬送儀礼が定着したのは、江戸時代の檀家制度の影響が大である。檀家が特定の寺院に所属し、法事、葬式などの仏事、墓地の管理を任せ、寺院側は堂の建築や修復など寺院経営の諸費用を檀家に負担させるという制度である。

これにより、寺院の安定的経営が確保されるとともに、定期的な参詣、年忌法要《ほうよう》や命日の法要の実施、釈尊の生誕と入滅の日の参詣、盆と彼岸の墓参りなどが強調され、仏教の儀式化が促進された。

「年忌法要」という言葉を挙げたが、その「法要」という言葉には本来、儀式の意味は全くなかった。それは、「法の本質」、「真理の教えのエッセンス」という意味であった。『維摩経』では、主人公のヴィマラキールティ（維摩詰《ゆいまきつ》）について語った箇所に出てくる。

彼《か》の上人《しょうにん》は（中略）深く実相に達し、善く法要を説く。（植木訳『維摩経』一八四頁）

時に無垢称《むくしょう》は為《ため》に法要を説き、彼の一切をして五神通《ごじんつう》を得せしむ。（同、二六九頁）

一つ目は鳩摩羅什訳で、二つ目は玄奘訳である。鳩摩羅什がヴィマラキールティを維摩詰と漢訳したのに対して、玄奘は無垢称と意訳している。

この文章に明確なように、「法要」は「説く」べきものであった。ところが、わが国では「法要を営む」というように用いられて、仏教の儀式を意味する言葉になってしまっている。「教えの本質」よりも「儀式」、「形式」を重んずる傾向ゆえであろう。第一章に挙げた仏教の基本思想と比べてみると、いかにかけ離れたものであるか理解できよう。

中村先生は、葬儀と檀家制度について次のように述べておられる。

仏教僧侶が葬儀や追善を行なうことは、寺院経済の維持のためにすこぶる有利であるために、平安朝以降において一部の僧侶が案出したものであり、徳川幕府がキリシタン禁制を励行するため全国民を強制的に寺院に結びつけた結果として、今日見るように一般化したのである。(『日本人の思惟方法』四六七頁)

原始仏典には、死者の救いは、葬儀のいかんによるのではなく、亡くなった人自身の徳によるとしていた。従って、釈尊は出家者が葬儀にかかわることを禁じていた。

ところが、中国では道教や儒教の先祖供養と習合して、出家者たちも葬送儀礼を行なうようになった。位牌《いはい》も儒教の影響によるものであり、「四十九日」の間、七日ごとに七回供養することも行なわれた。文化大革命以後は仏教による葬送儀礼は行なわれていないという。

日本では、中国で始まった儀礼に加え、新たに追加されたものもあって、葬儀が仏教の主要な行事であるかのようになった。

中村元先生の〝最終講義〟

中村先生が亡くなられたのは、一九九九年一〇月一〇日のことだった。享年八六歳。猛暑で倒れられた先生は、亡くなられる少し前から昏睡《こんすい》状態が続いていた。そんなとき、先生の口から「これから講義を始めます。体の具合が悪いのでこのままで失礼します」という言葉が出てきた。訪問看護の看護婦さんは驚いた。見ると昏睡状態のままである。その場には、看護婦さんしかいなかった。聞きなれない言葉（サンスクリット語やパーリ語であろう）、それに専門用語が出てきて、その看護婦さんは「よく分かりませんでしたが……」と奥様の洛《らく》子《こ》夫人に報告された。講義は四五分続いたそうである。それは、東方学院での講義の様子そのままであった。

松尾芭蕉は、旅先で、

旅に病《やん》で夢は枯れ野を駆けめぐる

と詠んだ。中村先生は、最後まで東方学院の講義に心を駆けめぐらせておられたのであろう。

お別れのとき、開かれた棺《ひつぎ》の中の先生の胸の上にはヨースタイン・ゴルデル著・池田香代子訳『ソフィーの世界』上・下巻（NHK出版）が置かれていた。長女の三木《みき》純子《すみこ》さんにうかがうと、検査入院のときや旅行のときなど、中村先生はお孫さんからその本を借りて必ず持参して読まれていたそうだ。ペーパーバックのカバーは少し擦り切れていた。哲学を分かりやすく書いたものとして、話題になった書である。中村先生は、日ごろから「日本には分からないことがありがたいことだという変な思想があります」、「分かりやすく説くのは通俗的で、わけの分からぬような仕方で説くのが学術的であるかのように思われていますが、これはまちがいです。分かりやすく説くのが学術的なのです」とよく話されていた。この本についても、「これからの学者は、このように子どもや一般の人にも分かるように書かねばならない」と話されていた。中村先生が、いかに分かりやすく語るかということをこの書から学ぼうとされていた事実を知って、改めて中村先生の学問への態度を教えられた思いであった。

このことを訳者の池田香代子さんに伝えると、「あの中村先生が私の翻訳した本を……」と涙を流して感動され、「ということは、中村家にはその本はないということですね」とおっしゃられ、その本を筆者が預かって、三木さんの自宅にお届けした。

中村先生が亡くなられて一ヵ月後に、奥様を訪ねたことがあった。自宅の一階と二階の仏壇には、それぞれ「向学院釈創元」、「自誓院向学創元居士」という二つの戒名があった。奥様の洛子夫人が、「自分たちの知らない人が戒名をつけるのは変ではないですか？　自分でつけたら駄目なのですか？」と中村先生に尋ねられ、「いや、いいんだよ」というので、亡くなられる半年前に二人で「鉛筆をなめなめ」考えられたという。それぞれの文字に勉強が好きで好きでならなかった先生のお心がしのばれる。戒名は、僧侶がつけるものということに全くこだわっておられなかった。

その奥様は、二〇一〇年六月四日に九一歳で亡くなられた。お通夜と告別式では、生前、奥様が大好きだった童謡「花嫁人形」、「ゆりかごの歌」などの斉唱で見送った。中村先生の教え子にあたる僧籍をお持ちの諸先生方が多数参列されていたが、読経《どきょう》はなし。故人の人柄がしのばれる心のこもった式であった。中村先生ご夫妻は、形式にとらわれない葬送の在り方を願っておられたのであろう。

「諸法実相」と日本文化

これまでの話は、日本仏教のマイナス面に及ぶことが多かったので、「日本の仏教って、そんなにひどいのか」と思われるところがあったかもしれない。このままでは不公平なので、プラス面の話もしたい。

すでに「諸法実相」ということについて触れたが、それは日本の文学論や芸術論に相当の影響を与えたのではないかと思う。これは大いに評価すべきことである。中村先生は、「日本は、世界に対して思想的にはほとんど貢献していないのではないか。ただ芸術面では多大なる貢献をしていると言えると思う」という話をいつもされていた。

例えば、日本の文芸の中で重要な位置を占めているのは短歌だが、その短歌に対して「諸法実相」という考えが大きな影響を与えたように思う。ただしそれは、一二〇〇年生まれの道元が「実相は諸法」と唱えるより以前のことであった。例えば、藤原俊成《ふじわらのしゅんぜい》（一一一四〜一二〇四）は『古来風躰抄《こらいふうていしょう》』という和歌論を書いている。その中で天台大師智顗の『摩訶止観《まかしかん》』に言及し、「空仮中《くうけちゅう》の三諦《さんたい》」という言葉を用いて和歌論を展開している。それは次の通りである。

歌のふかきみちを申すも、空仮中の三諦に似たるによりて、かよはしてしるし申すなり。

「空仮中の三諦」というのは、空諦《くうたい》、仮諦《けたい》、中諦《ちゅうたい》の三つの真理（諦）のことである。『法華経』方便品の「諸法実相」の具体的な内容（十如是《じゅうにょぜ》）にからめて、天台大師智顗が言い出したもので、仏教の認識論と言ってもいい。「空諦」ということは、あらゆるものごとには不変の実体がなく、空《くう》（sūnya、sūnyatā）であるという真理（諦）である。「諸法実相」という言葉で言えば「実相」のほうに重心があるわけだ。「仮諦」のほうは、あらゆるものごとは空であるけれども、因縁《いんねん》によって仮に存在しているという真理である。あらゆるものは仮に成立している。例えば、机だって、もとを糺《ただ》せば板きれである。それを組み立てたから机と呼ばれている。分解すれば、もはや机ではない。燃やせば灰である。机という実体はない。われわれだって、いつまでも若さを保っているわけではなくて、いつかは年をとって消えてなくなる。あらゆるものは現在、現象として仮に存在しているのであって、そういう側面を見ると「諸法」ということになる。

われわれのものの見方は、諸法と実相のどちらか一方に偏りがちである。現実をよく見なさいというので現実ばっかり見ていると、現実はコロコロ変わるから、空転して落ち込んだりする。やはり普遍性を見なければいけないというので今度は普遍性ばかりを見ていると、抽象論になったり観念論になったりしてしまう。中諦というのはその両方を合わせ持ち、いずれにも偏しないという見方である。あらゆるものは実体がなく、仮のものでいつまでも存続するものではないというものの見方と、現実というものを見据えていく見方、この両方を踏まえなければいけないというのである。

その意味では、これは「諸法」と「実相」のいずれかに偏るのではなく、諸法に即して実相を見、その実相を諸法を通して表現するというように、両者が相依ってあるべきだと言っているととらえていいと思う。先ほどの藤原俊成の言葉は、それを和歌論として展開したものである。和歌を詠むときには、桜を愛《め》で、月を眺め、風を感じ、現象・事物としての花鳥風月を歌に詠み込む。現象としてのものごとに即して、その背後にある実在（実相）というものを見て表現することが歌の本来の道であるというわけである。

また、室町時代後期の連歌師で宗祇《そうぎ》（一四二一〜一五〇二）という人がいた。この人は、「なほなほ歌の道は只《ただ》慈悲を心にかけて、紅栄黄落《こうえいこうらく》を見ても生死《しょうじ》の理《ことわり》を観ずれば、心中の鬼《き》神《じん》もやはらぎ、本覚真如《ほんがくしんによ》の道理に帰《き》す可《べ》く候《そうろう》」（『吾妻問答《あずまもんどう》』）と言った。

「なほなほ歌の道は只慈悲を心にかけて」にも、仏教の影響が読み取れる。「紅栄黄落」、すなわち植物の葉が紅くなったり、黄色くなったりして落葉する自然現象を見て、あらゆるものが生死を繰り返しているという道理を達観することによって、心を悩ませる「心中の鬼神」も穏やかに静まり、あらゆるものが本来的に覚っているものであり、あるがままの真実であるという理を覚知し、そこに回帰することになると言っている。このように、歌を通して「生死の理」を観じ、「本覚真如の道理に帰す」ということを論じている。

「お釈迦さまも歌人であった」

わが国古来の文学では短歌の占める比重が大きい。歌人の阿部正路《あべまさみち》氏（一九三一〜二〇〇一）は、その著『短歌史』で日本国憲法の第八二条が短歌で表現されていることを指摘している。それは、「裁判の対審《たいしん》及び判決は、公開法廷でこれを行ふ」というものである。確かに「五・七・五・七・七」となっている。阿部氏は、「日本人は、いつのまにか日本国憲法の中に短歌を詠みこみ、一つの条文を一首の短歌をもってかえるほどの情趣に富んでいる民族だというべきであろうか」（二二頁）と記している。

詩が好きなのは中国も変わりがない。しかし、日本人も中国人も、インド人には負けそうだ。紀元前二世紀ごろから成文化され始めたとされる『マヌ法典』は、全一二章二六八四箇条からなるが、そのすべての条文が韻文で書かれているのである。その韻文はシュローカという形式で、八音節を一句とする四つの句で一つの偈《げ》を構成しており、「三十二音節」という一偈の文字数は、短歌の「三十一文字《みそひともじ》」に近い。

インド人は、詩が大好きだ。法典だけではなく、医学書、数学書、宗教書、哲学書、政治学書、経済学書、自然科学書までもが詩で書かれている。近年でも論文を韻文でまとめる学者がいるほどだ。

原始仏典の一つに『ウダーナ・ヴァルガ』（*udāna-varga*）がある。これは、「感興の言葉の集成」という意味である。その中から一つの偈を挙げてみよう。

na hi verena verāni sammant' idha kudācana /
averena ca sammanti esa dhammo sanantano //

母音の数を数えると、「八・八・八・八」となっている。釈尊は、感極まって詩をそらんじておられたのだ。意味は次の通りである。

実に、この世において諸々の怨みは、怨みによって決して静まることはない。けれども、〔諸々の怨みは〕怨みのないことによって静まるのである。これは永遠の真理である。

筆者は以前、日本現代詩人会常任理事山本十四尾《やまもととしお》氏の依頼で「お釈迦さまは詩人であった」という講演をすることになった。いざ、詩人の方々を目の前にして、その場でタイトルを変更した。「お釈迦さまも詩人であった」と。それを聞いて、喜んだのは詩人の方々だった。「お釈迦さまもわれわれの仲間だったのだ！」と。「三十二音節」と「三十一文字」の類似を考えれば、「お釈迦さまも歌人であった」と言い換えることもできよう。

実は経典は、初めに散文でつづられ、「欲重宣此義而説偈言《よくじゅうせんしぎにせつげごん》」（重ねて此《こ》の義を宣《の》べんと欲して、偈《げ》を説いて言《のたま》わく）といった言葉の後に、韻文を連ねる形式が多い。従って、一つの経典の約半分は詩であったのである。

芭蕉と近松

話が、少し横道にそれてしまった。「諸法実相」の話に戻そう。

松尾芭蕉（一六四四〜九四）という俳人も、やはり「諸法実相」ということを重視していたようで、門人たちと『法華経』について論じていたようである。

古池や蛙《かわず》飛び込む水のをと

という句がある。俳句に関しては、ど素人《しろうと》である筆者の勝手な思い込みかもしれないが、自分なりに解釈してみると、ここには「古池」、「蛙」、「水の音」という〝現象〟が羅列されている。「私」が「ここ」にいて、「古池」が向こうにあって、「蛙」がいる。その「蛙」がポチャンと「水の音」を立てて池に飛び込んだ。すると、その水面に波紋が生じて同心円を描いて広がっていく。さらには、そのポチャンという音が向こうからこっちへ伝わってきて、それが「私」を通りすぎて宇宙大に広がっていく――というようなイメージを筆者は抱く。単に「古池」と「蛙」と「水の音」を羅列したことによって、「私」が「今」、「ここ」にいて、宇宙の中に存在しているというような宇宙の広がりを筆者は感じる。これは「諸法」を通して「実相」というものを表現しようとした結果ではないかと筆者には思えるのだが、いかがであろうか。

小林一茶《こばやしいっさ》（一七六三〜一八二七）に、

痩《や》せ蛙負けるな一茶これにあり

我と来て遊べや親のない雀

といった句がある。ここには動物に対する優しさは表現されているが、宇宙の広がりといったものを感じさせる句ではない。松尾芭蕉の句は仏教の影響を受けて、相当に「諸法実相」という世界を表現しようとしていたように思える。現に芭蕉の門人に森川許六《もりかわきょりく》（一六五六〜一七一五）という人がいるが、その人たちと『法華経』についてずいぶん語り合っていたようである。許六は「蕉門十哲」の一人で、これも釈尊の「十大弟子」を思わせるが、その人たちの作品の中にも『法華経』を踏まえた歌がずいぶん出てくる。例えば、山本荷兮《やまもとかけい》（一六四八〜一七一六）は、

おもふ事ながれて通るしみづ哉《かな》

という句を詠んでいる。この句だけ見ると、単に「清水」の流れるさまを詠ったものかなと思われる。ところが、この句の直前に「十如是」という三文字があるので、「空・仮・中の三諦や因果を説く十如是の理法に基づくとき、考えることは、森羅万象も生きとし生けるものも滞ることなく流れゆく清水のように通いゆくものである」といった意味になろう。

あるいは各務支考《かがみしこう》（一六六五〜一七三一）という人は、「法華経を要《かなめ》として」という言葉を使って芭蕉の俳諧《はいかい》論を『俳諧十論』としてまとめている。また「虚実論」を著わして、「実を以《もっ》て方便の門を開き」という『法華経』方便品《ほうべんぼん》の考えを根拠として、「虚に居て実をおこなふべし。実に居て虚にあそぶべからず」と述べ、俳諧における虚構（フィクション）と真実（ノンフィクション）の意義を論じている。芭蕉の『奥の細道』は、随行者の曽良《そら》（一六四九〜一七一〇）が記録した『曽良旅日記』と比べても、かなりフィクション化されて、客観的で優美な文学空間と永遠の旅人の世界を作り出している。そこに、「虚に居て実をおこなった実際が見て取れよう。

この場合の「虚」と「実」、すなわちフィクションとノンフィクション、これを「諸法」と「実相」に当てはめるとまさに「諸法実相」論なのである。

あるいは、浄瑠璃《じょうるり》・歌舞伎作家である近松門左衛門に、「虚にして虚にあらず、実にして実にあらず、この間に慰《なぐさみ》が有るもの也《なり》」という趣旨の「虚実皮膜論《きょじつひまくろん》」という芸術論がある。これは、穂積以貫《ほづみいかん》の『難波土産《なにわみやげ》』に近松門左衛門の言葉として記録されているものだ。ここにも「虚」と「実」という文字が出てくる。この虚と実の違いは、薄い皮膜を隔てるぐらいのものでしかない、事実を事実のまま記録したってそれは面白くもなんともない。けれども、そこに事実プラス・アルファとして、「虚」を織り込むことによって真実というものが、よりクローズアップされてくる。これも「諸法実相論」の応用だと思う。この「虚実皮膜論」

という文字を見ると、日蓮が『観心本尊抄《かんじんのほんぞんしょう》』という著作の中で用いている「竹膜《ちくまく》を隔つ」という言葉を思わせる。この近松門左衛門自身が日蓮の信奉者だったようだから、おそらくこれも読んでいたのであろう。

ザイン（存在）とゾルレン（当為）

仏教は本来、ザイン（存在＝いかにあるか）とゾルレン（当為《とうい》＝まさになすべきこと）で言えば、ゾルレンのほうに重心があった。仏教では、人として何をするかという「行ない」が重視されていたのだ。ところが日本では、これまで見てきたように自然観、文学論、芸術論の方面に相当に影響を与えてきた半面、人としての「振る舞い」、「行ない」という面が弱かったのではないかという気がする。

ただ、日蓮と宮沢賢治《みやざわけんじ》（一八九六〜一九三三）などが例外だろう。ここで、二人について見てみよう。日蓮は人の振る舞いを重視していた。日蓮の言葉を見ても、「不軽菩薩《ふきょう》の人を敬いしは、いかなる事ぞ。教主釈尊の出世の本懐は人の振舞にて候けるぞ」とある。

『法華経』に登場する常不軽菩薩《じょうふきょう》は、その名の通り、出家であれ在家であれ、男性であれ、女性であれ、だれに対しても合掌して礼拝しながら、「私はあなたを軽んじません。なぜかと言えばあなたも菩薩道を行ずることによって必ず如来になることができるからです」と言い続けて、だれ人をも軽んじることなく、敬っていた。

ところが、そんなことを言われた人たちは、みんな薄気味悪がる。どこの馬の骨とも分からないような男から、そんなことを言われて、「お前なんかに言われる筋合いはない」というので、罵詈《めり》し、石をぶっつけ、ぶん殴ったりして迫害を加える。すると、菩薩は走り去って、遠くから「それでもあなたは仏になります」と言い続け、決して憎悪（瞋恚《しんに》）を抱くことはなかった。

常不軽菩薩がどうしてそのように人を敬い続けたのか。日蓮は、「教主釈尊がこの世に出現した真の目的は、（常不軽菩薩がいかなる罵詈、迫害を受けようとも、だれ人をも尊重し続けたように）人間としての振る舞い、行ないを説くことであったのだ」と言った。そして、日蓮は「法華経の修行の肝心は不軽品にて候なり」とまで言っている。常不軽菩薩は、いわば『法華経』の理想とする菩薩像である。

ところが、インド、西域、敦煌、中国、朝鮮、日本を見渡しても、彫刻や絵画でこの菩薩が題材になったことはほとんどない。中村元先生と本間《ほんま》昭之助《しょうのすけ》氏（中外日報社長＝当時）が、任継愈《にんけいゆ》氏（中国社会科学院世界宗教研究所所長）に呼びかけて始まった日中仏教学術会議の第七回会議（一九九七年、京都）で、筆者はその点について確認した。敦煌研究者の方廣錩《ほうこうしょう》氏（世界宗教研究所副教授）も、中国大陸の仏教遺跡をつぶさに踏査されている東大名誉教授の鎌田《かまた》茂雄《しげお》氏（一九二七〜二〇〇一）も、常不軽菩薩はいずれの地でも取り上げられていないと答えられた。敦煌で、観音菩薩や弥勒《みろく》菩薩の描写は多数あるが、『法華経』の理想とする菩薩の一人である常不軽菩薩をだれも取り上げなかったということは、注目されていなかったということである。その菩薩に注目し、わが身に当てはめて自らの実践の規範としたのは、日蓮だけであった。日蓮の菩薩思想はこの点を抜きにしては論じられないと、その会議で筆者は発言した。

宮沢賢治の代表作で「雨ニモマケズ」という詩がある。「慾《よく》ハナク／決シテ瞋《いか》ラズ／イツモシヅカニワラッテ」、困っている人のために尽くすことを自らの誓願とする詩である。その末尾には、

ミンナニ／デクノバウト／ヨバレ
ホメラレモセズ／クニモサレズ
サウイフ／モノニ
ワタシハ／ナリタイ

とある。

この詩は、賢治の死後発見された、黒い表紙の手帳の五一〜六〇頁に書かれていたものである。同じ手帳の七一頁には、「土偶坊《でくのぼう》／ワレワレカウイフ／モノニナリタイ」というタイトルの戯曲の構想メモも書かれていて、「第二景　母病ム／第三景　青年ラ　ワラフ／土偶坊石ヲ／投ゲラレテ遁《に》ゲル」といった文字が並んでいる。これは、『法華経』常不軽品の「杖木《じょうもく》、瓦石《がしゃく》を以《もっ》て之《これ》を打擲《ちょうちゃく》すれば、避けて走り遠く住して……」の一節そのままである。

賢治の「雨ニモマケズ」の「デクノバウ（土偶坊）」は常不軽菩薩の行状を意識して書かれたものだと言えよう。

死刑廃止と怨親平等

このほか、仏教の影響として高く評価できる面を紹介すると、日本で死刑廃止が約四〇〇年間続いた時代があったことである。それは保元《ほうげん》の乱の一一五六年まで続いた。生命を大切にする仏教思想の影響であろうと言われている。

もう一つは「怨親平等《おんしんびょうどう》」という言葉に表われている。わが国では戦争の後に敵と味方を分け隔てなく平等に弔うことが行なわれていた。例えば蒙古《もうこ》襲来で元《げん》軍が日本に攻めてきて、そこに死体が山のようになるのだが、そのとき、追善供養が営まれて日本と元の人たちの両方の遺体が葬られたのである。

筆者の故郷は島原だが、島原の乱（一六三七～三八年）があって島原半島南部の農民たちはほとんど全滅してしまった。その数は三万人前後と言われている。このときも、盛大な法《ほう》会《え》が催され、敵味方の区別なくキリシタンと幕府軍の両方の戦没者が弔われている。

これは、第一章で挙げた『ダンマパダ』の一節、「実に、この世において諸々の怨みは、怨みによって決して静まることはない。けれども、〔諸々の怨みは〕怨みのないことによって静まるのである。これは永遠の真理である」（『ダンマパダ』二頁）と通ずるものである。

ヴィクトール・E・フランクル著『意味への意志』を読んでいて、次の一節にぶつかった。
いま必要なのは、悪の連鎖を断ち切ることでしょう。あることにそれと同じもので報いること、悪に報いるに悪をもってすることではなく、いまある一回限りの機会を生かして悪を克服することです。悪の克服はまさに、悪を続けないこと、悪を繰り返さないことによって、つまり「目には目を、歯には歯を」という態度に執着しないことによってなされるのです。

この言葉を見て、釈尊の思想と似ていることに驚き、すぐに翻訳者の山田邦男氏（大阪府立大学教授＝当時）に、フランクルが仏典を読んでいた形跡があるかどうかを確認した。山田氏は、その類似性に感銘を受けながらも、「ありません」と答えられた。深い人類愛に目覚めた人は、洋の東西を問わず同じ結論に到達するものだとの思いを新たにした。

明治政府は、この「怨親平等」から逸脱してしまった。明治維新の際の戦《いくさ》で亡くなった人のうち、官軍の死体はすべて収容されて招魂社（現、靖国神社）に祀《まつ》られたが、明治政府に敵対し賊軍と呼ばれた人たちの死体は野ざらしにされ、祀られることはなかった。

駆け足でいろいろなことを見てきたが、普遍性重視のインドから、現実性重視の中国・日本へ仏教が伝来し、国民性や自然環境の違いによる受容の仕方の違いがあったことを概観していただけたのではないかと思う。そこには、善い面、悪い面があるが、仏教が誤解されたままでは、お釈迦さまも浮かばれないであろう。悪い面は反省し、善い面を伸ばしていくことが今後の課題として問われよう。

あとがき

二〇〇七年の春のこと、法政大学教授の王敏《わんみん》先生から、日中文化研究会で「仏教を通して、日本と中国の文化の違いについて何か話していただけませんか」と依頼があった。

王敏先生とは、日本ペンクラブの関係で、一〇年近くのお付き合いをさせていただいていた。王敏先生は、宮沢賢治の研究でお茶の水女子大学で博士の学位を取得されたが、その際、宮沢賢治との関連で『法華経』についての質問を受け、お答えしたことがあった。そうした経緯があって、その学位授与式にも参加させていただいた。そこで、佐藤保《さとうたもつ》学長（当時）とお会いした。それが、博士論文の提出先を探していた私にとって思わぬ方向に発展した。お茶の水女子大学に論文を提出することになり、人文科学の分野では同大学で男性初の博士号を取得するという、なんとも不思議な結果となった。筆者の論文のテーマは、「仏教におけるジェンダー平等の研究」であり、お茶の水女子大学が日本で最初にジェンダー研究所を創設したことを考えると、これ以上にない最適の提出先に落ち着いた——と筆者だけでなく、知人たちのすべてが驚くとともに喜んだ。『法華経《ほけきょう》』に、「無上宝聚不求自得《むじょうほうじゅふぐじとく》」（無上の宝聚を求めずして自《おの》ずから得たり）という言葉があるが、まさにその思いがする出来事であった。そのご縁をもたらしてくださったのが、王敏先生であった。

だから、王敏先生から発表の依頼があったとき、これまでの大恩を考えると到底お断りできるはずもなかった。中国生まれで中国育ちの王敏先生は、日本仏教を見て、日本の僧侶がなぜ結婚しているのか、どうしてお酒を飲むのか——といった東南アジアの留学生たちが一同に抱いている疑問を提示して、仏教の視点から日中の文化の比較というテーマを考えておられた。筆者は、それはむしろ日中に限らないでインドにまで広げて論じたほうがよいと考えた。

以上のような考えのもとに、サンスクリット語（あるいはパーリ語）からもう一度、漢訳と日本語で語られた仏教というものを見直して、法政大学の日中文化研究会で発表を行なった。会場には、中国はもとより、カンボディア、インドネシアなど東南アジアからの留学生の姿も多数見られたが、彼らの間でも意外と反響がよかったと後で聞いた。本書は、その発表に大幅に加筆したものである。

わが母校、九州大学の創立百周年を記念して本書を出版できることを喜んでいる。本書の出版にあたり、中公新書編集部の郡司典夫氏と藤吉亮平氏には大変にお世話になった。感謝申し上げたい。

参考文献

【日本語】

阿部正路著『短歌史』おうふう、一九八一年

池上洵一編『今昔物語』天竺・震旦部、岩波文庫、岩波書店、二〇〇一年

岩本裕著『日常佛教語』中公新書、中央公論社、一九七二年

植木雅俊著『仏教のなかの男女観』岩波書店、二〇〇四年。お茶の水女子大学提出の博士論文

——訳『梵漢和対照・現代語訳　法華経』上・下、岩波書店、二〇〇八年。毎日出版文化賞受賞

——訳『梵漢和対照・現代語訳　維摩経』岩波書店、二〇一一年

大野晋・植木雅俊対談「言葉による意思疎通を可能にするものは何か?」『仏眼』第一〇号（二〇〇〇年九月一五日）、一一号（二〇〇〇年一一月一五日）

加藤周一編『富永仲基・石田梅岩』日本の名著18、中央公論社、一九七二年

金倉圓照著『インド哲学仏教学研究Ｉ　仏教学篇』春秋社、一九七三年

辛島貴子著『私たちのインド』中央公論社、一九八三年

苅谷定彦著『法華経一仏乗の思想』東方出版、一九八三年

慧皎著、吉川忠夫・船山徹編『高僧伝』一～四巻、岩波文庫、岩波書店、二〇〇九～一〇年

玄奘著、水谷真成訳『大唐西域記』1～3、東洋文庫、平凡社、一九九九年

坂本幸男・岩本裕訳注『法華経』上・中・下巻、岩波文庫、岩波書店、一九六二、一九六四、一九六七年
道元著、水野弥穂子編『正法眼蔵』第一巻〜第四巻、岩波文庫、岩波書店、一九九〇〜九三年
中川正之著『漢語からみえる世界と世間』岩波書店、二〇〇五年
長沢和俊訳注『法顕伝・宋雲行紀』東洋文庫、平凡社、一九七一年
中村元著『インド人の思惟方法』中村元選集決定版、第一巻、春秋社、一九八八年
――『シナ人の思惟方法』中村元選集決定版、第二巻、春秋社、一九八八年
――『日本人の思惟方法』中村元選集決定版、第三巻、春秋社、一九八九年
――『ゴータマ・ブッダ　I』中村元選集決定版、第一一巻、春秋社、一九九二年
――『原始仏教の成立』中村元選集決定版、第一四巻、春秋社、一九九二年
――『原始仏教の思想　I』中村元選集決定版、第一五巻、春秋社、一九九三年
――『原始仏教の社会思想』中村元選集決定版、第一八巻、春秋社、一九九三年
――『大乗仏教の思想』中村元選集決定版、第二一巻、春秋社、一九九五年
――『原始仏典を読む』岩波書店、一九八五年
――『自己の探求』青土社、一九八〇年
V・E・フランクル著、山田邦男訳『意味への意志』春秋社、二〇〇二年
堀日亨編『日蓮大聖人御書全集』聖教新聞社、一九五二年
前田耕作著『バクトリア王国の興亡』レグルス文庫、第三文明社、一九九二年
松濤誠廉・丹治昭義・長尾雅人・桂紹隆訳『法華経』I・II、大乗仏典1・4巻、中央公論社、一

九八一年
無住一円著、筑土鈴寛編『沙石集』上・下巻、岩波文庫、岩波書店、一九四三年
立正大学日蓮教学研究所編『昭和定本日蓮聖人遺文』総本山身延久遠寺、一九七一～七二年

【論文関係】
植木雅俊著「*Sadāparibhūta* に込められた四つの意味」『印度学仏教学研究』第四七巻、第一号、日本印度学仏教学会、四三一～四三五頁
植木雅俊著「*Saddharmapuṇḍarīka* の意味」『印度学仏教学研究』第四九巻、第一号、日本印度学仏教学会、四二九～四三一頁
植木雅俊著「『法華経』の Saddharma-puṇḍarīka の意味――〝最勝〟を譬喩する白蓮華の考察」お茶の水女子大学文教育学部哲学科・平成一三、一四年度科研費研究成果報告書（研究代表者：頼住光子助教授、研究課題番号一二六一〇〇三五）、二〇〇三年一〇月、七八～一〇二頁

【サンスクリット語とパーリ語】
Dhammapada, P.T.S., London, 1994.
邦訳は、
中村元訳『ブッダの真理のことば・感興のことば』岩波文庫、岩波書店、一九七八年
Dīgha-nikāya, vol. II, P.T.S., London, 1903.
この経所収の一つ *Mahā-parinibbāna-suttanta* の邦訳が、

中村元訳『ブッダ　最後の旅』岩波文庫、岩波書店、一九八〇年
Jātaka, vol. I, P.T.S., London, 1877.
Saṃyutta-nikāya, vol. I, P.T.S., London, 1884.
邦訳は、
中村元訳『ブッダ　神々との対話』岩波文庫、岩波書店、一九八六年
中村元訳『ブッダ　悪魔との対話』岩波文庫、岩波書店、一九八六年
Suttanipāta, P.T.S., London, 1913.
邦訳は、
中村元訳『ブッダのことば』岩波文庫、岩波書店、一九八四年
Thera-gāthā, P.T.S., London, 1883.
邦訳は、
中村元訳『仏弟子の告白』岩波文庫、岩波書店、一九八二年
Therī-gāthā, P.T.S., London, 1883.
邦訳は、
中村元訳『尼僧の告白』岩波文庫、岩波書店、一九八二年
Vinaya, vol. I, P.T.S., London, 1879.
Udānavarga, herausgegeben von Franz Bernhard. 2 Bände, Sanskrit texte aus den Turfan-funden X. Abhandlungen der Akademie der Wissenschaften in Göttingen. Philologisch-Historische Klasse. Dritte Folge, Nr. 54. Göttingen, Vandenhoeck und Ruprecht, 1965, p. 127.

邦訳は、
中村元訳『真理のことば・感興のことば』岩波文庫、岩波書店、一九七八年の後半部にあたる

【英語】

Coulson, Michael; *Sanskrit — a complete course for beginners*, Teach Yourself Books, Hodder & Stoughton Ltd., 1976.

Paul, Diana, *Women in Buddhism*, University of California Press, 1985.

Ueki, Masatoshi, *Gender Equality in Buddhism*, Asian Thought and Culture series vol.46, Peter Lang Publ. Inc., New York, 2001.

Wang, Robin, (ed.), *Images of Women in Chinese Thought and Culture*, Hackett Pub. Co. Inc., Massachusetts, 2003. 筆者らとの共著

Watson, Burton (tr.), *The Lotus Sutra*, Columbia University Press, New York, 1993.

【辞典類】

岩本裕著『日本佛教語辞典』平凡社、一九八八年

三枝充悳編『インド仏教人名辞典』法蔵館、一九八七年

中村元著『仏教語大辞典』東京書籍、一九八一年

荻原雲来編『梵和大辞典』鈴木学術財団、一九七九年

M. Monier-Williams, *A Sanskrit-English Dictionary*, Oxford University Press, Oxford, 1899.

植木雅俊（うえき・まさとし）

1951（昭和26）年，長崎県生まれ．仏教思想研究家．九州大学卒．理学修士（九州大学），文学修士（東洋大学），人文科学博士（お茶の水女子大学）．91年から東方学院で中村元氏のもとでインド思想・仏教思想論，サンスクリット語を学ぶ．『梵漢和対照・現代語訳　法華経』上・下巻（岩波書店，2008年）で毎日出版文化賞を受賞．『梵漢和対照・現代語訳　維摩経』（岩波書店，2011年）でパピルス賞を受賞。2018，2022年にNHK-Eテレ「100分de名著」に出演，「法華経」と「日蓮の手紙」について解説．

著書『思想としての法華経』（岩波書店，2012年）
『仏教学者 中村元――求道のことばと思想』（角川選書，2014年）
『差別の超克――原始仏教と法華経の人間観』（講談社学術文庫，2018年，お茶の水女子大学提出博士論文）
『サンスクリット版縮訳　法華経　現代語訳』（角川ソフィア文庫，2018年）
『今を生きるための仏教100話』（平凡社新書，2019年）
『法華経とは何か――その思想と背景』（中公新書，2020年）
『日蓮の手紙　ビギナーズ　日本の思想』（角川ソフィア文庫，2021年）

仏教《ぶっきょう》、本当《ほんとう》の教《おし》え
中公新書 *2135*

2011年10月25日初版
2022年7月30日11版

著　者　植木雅俊
発行者　安部順一

本文印刷　暁印刷
カバー印刷　大熊整美堂
製　本　小泉製本

発行所　中央公論新社
〒100-8152
東京都千代田区大手町1-7-1
電話　販売 03-5299-1730
　　　編集 03-5299-1830
URL https://www.chuko.co.jp/

Published by CHUOKORON-SHINSHA, INC.
Printed in Japan　ISBN978-4-12-102135-9 C1215

中公新書

宗教・倫理